글누림 문화콘텐츠 총서 9

지역문화와 축제

- 기획과 연출

글누림 문화콘텐츠 총서 9
지역문화와 축제
- 기획과 연출

초판 인쇄 2005년 12월 16일
초판 발행 2005년 12월 24일
지은이 박진규 · 정철상
펴낸이 이대현
편집 이은희 · 변나영
펴낸곳 도서출판 글누림
주소 서울 성동구 성수2가 3동 301-80
전화 3409-2055
팩시밀리 3409-2059
등록 2005년 10월 5일 제303-2005-000038호
전자우편 nurim3888@hanmail.net
값 11,500원
ISBN 89-957345-8-2-03380

글누림 문화콘텐츠 총서 9

지역문화와 축제

–기획과 연출

박진규 · 정철상 공저

글누림

문화콘텐츠 총서 발간에 부쳐

호서대학교 교수님들이 주축이 된 글누림 문화콘텐츠 총서의 발간을 축하합니다. 지금 우리가 살고 있는 21세기는 지식기반 사회로 들어서고 있는 바, 이러한 문화의 세기에 대학 교육도 초국적, 초학제, 초캠퍼스라는 새로운 환경에 적응해야 합니다. 이런 시대정신의 흐름에서 가장 필요한 것이 창의적인 도전정신입니다.

이번에 발간되는 문화콘텐츠 총서는 그러한 도전정신을 가지고 우리 대학의 연구자들이 이룩한 연구 업적입니다. 금번 1차 문화콘텐츠 총서에 이어 신개척의 문화 영역에서 창의적이고 도전적인 업적들을 담은 우리의 총서는 지속적으로 간행될 것입니다.

그간 우리 대학은 벤처정신을 극대화하고 특성화함으로써 비약적인 발전을 이룩해 왔으며, 하나님을 공경하고 사회와 인류에 기여하는 참사람을 길러내는 데 최선을 다해 왔습니다. 이번 총서도 바로 이 인재 양성의 목표를 위해 노력한 그간의 창조적이고 도전적인 젊은 벤처정신이 일구어낸 결실인 것입니다.

빛과 소금이 되라는 성경 말씀을 실천에 옮긴 문화콘텐츠 총서 기획단 및 집필자 여러분의 노고에 다시 한번 격려의 말씀을 드리는 바입니다.

호서대학교 총장 **강 일 구**

EDITOR'S NOTE

2000년에 들어 '文化產業'이라는 이름으로 출발했던 것이 이제는 '문화콘텐츠'라는 이름으로 굳어져 다음 세대의 산업을 선도할 핵심 분야라는 평가를 듣고 있다. 문화산업이 아니라 문화콘텐츠산업이라고 그 명칭도 수정되어 지금은 문화콘텐츠산업을 진흥하기 위한 문화콘텐츠진흥원도 설립되었다. 또한 관련 학회도 활발히 활동하고 있다. 각각의 문화산업 분야의 학회는 말할 것도 없고 산업과는 거리가 멀 것 같은 人文 영역이 이젠 문화콘텐츠산업에 중추적 역할을 할 것이라는 사명감으로 인문콘텐츠학회도 만들었다.

미국에 있는 학과 교수에게 문화콘텐츠를 영문으로 표기해야 할 일이 있었다. 한국문화콘텐츠진흥원의 영문 명칭을 참조해 'Culture and Content'라는 용어로써 표기했다. 잘 모르겠다는 눈치여서 우리가 생각하는 문화콘텐츠를 설명하니 그것은 문화산업이니 'Culture Industry'로 표기해야 하는 것이라고 했다. 영화나 게임 등 상업적 목적이 뚜렷한 것은 말할 것도 없고 한국문화원형사업이든, 韓流事業이든, 지역축제든 에듀테인먼트든 그 궁극적인 목적은 문화를 기반으로 한 산업화의 가능성이라는 것을 털어놓으라는 말이다. 사실 출발이 문화산업으로부터 출발했으니 그 문화산업의 내용을 문화콘텐츠라고 지시한다고 해서 산업적 속성이 사라지는 것은 아니다.

문화산업이라고 하든, 문화콘텐츠산업이라고 하든 처음의 출발이 산업적 개념과 목적으로 시작된 것은 사실이다. 천박한 商魂은 모든 것을 상품화하기 마련이라고 나무라기 전에 가치를 인정받지 못하면 결국 존재적 의의마저도 상실될 수밖에 없는 가혹한 현실을 받아들여야 한다는 것이다. 지금의 상황이 인문학의 위기는 아니며, 인문학의 위기가 기초 학문의 위기는 더욱 아니며 학문의 위기는 더더욱 아니라고 한다. 오히려 탄탄한 기초 학문,

인문 학문이 문화산업의 가능성을 열어주니 학문으로서는 새로운 대응력을 갖는 것이라고 역설한다.

우리 대학은 산학 분야에서 단연 인정받고 있다. '벤처'를 학교의 모토로 삼은 것도 벤처 산업을 염두에 둔 것이 아니라 문자 그대로의 의미에서 '모험 정신'을 내세우기 위함이다. 이러한 의미에서의 모험 정신이 산학 분야에 집중되었다면 이제는 그 학술적 역량을 발휘할 때가 되었다. 이번 문화콘텐츠 총서의 정신은 바로 여기에 있다.

이 총서는 교양 있는 일반인을 위한 문화콘텐츠의 학술적 동향과 안내를 하는 것이 그 목적이다. 쉽고 간결한 문체를 선택하도록 했고 많은 그림과 도표로써 이해를 돕도록 했다. 모든 주석은 내용주로 처리하되 설명을 위한 최소한의 주석만 넣도록 했다. 단순 전거를 밝히는 주석은 참고문헌에서 몰밀어서 제시하도록 했다. 이러한 원칙을 정하고 모두 네 차례에 걸친 심포지엄을 열어 서로의 초안을 읽고 의견을 개진했다. 그러니 이 총서는 사실 개개의 집필자의 개성에 넘치는 저작이면서도 또한 공동 작업의 결과이기도 하다.

지금은 1차 총서이지만 향후 문화콘텐츠의 전 영역에 걸쳐 2, 3차 총서가 지속적으로 발간될 것이다. 이 작업이 문화콘텐츠라는 *初有*의 분야에 의미 있고 중요한 저술이 되길 희망한다.

호서대학교 한국어문화학부 국어국문학전공 김성룡

PROLOGUE

인간은 축제하는 존재(homo festivus)라는 말이 있을 정도로 인간의 본성 중에 축제와 관련된 요소가 많이 있다. 축제의 개념에서 탈피하여 지역문화의 표현과 전승의 기회로서 행사를 개최하고 있는 우리나라의 현실 속에서 본래의 기원과 제의적인 의미가 줄어들고 놀이적 성격과 관광적 요소를 많이 배합하고 있다. 전국의 약 1,000여 개 이상의 중소형 지역축제에서 알 수 있듯이 공간적 규격과 지향성 속에서 발전되고 변화되어 왔다. 지역축제는 지역주민들의 일상적인 생활문화가 중심이 되어 이어져 오는 전통과 개성을 갖춘 문화활동이라 할 수 있으며 이러한 축제는 년 중 어느 특정한 날과 기간을 정하여 직접참여하고 즐기는 행사이며 창조해가는 지역문화라고 이해할 수 있다. 매력적인 지역의 축제를 만들어가고 개발하며 활성화하기 위한 수단으로서 참여자의 전문성을 요구하게 되며 또한 지역주민의 전문화와 기획, 연출능력 여부가 축제성패의 주요요인으로 작용하여 현장 예비실무자들을 위한 내용을 위주로 구성하였다.

전체를 12장으로 구성하여,

제1장~2장까지 지역문화와 축제에 대한 이해를 돕기 위한 개념과 본질, 기원과 역사에 대하여 소개하였다.

제3장에서는 한국의 지역축제의 뿌리부터 살펴보며 현재 진행 중인 실제적 축제의 예를 들어 소개해 놓았다.

제4장에서는 외국의 축제에 대한 이해와 주요축제들의 사례를 들어 외국의 축제를 친숙하게 표현해 놓았다.

제5장에서 지역축제가 함께 즐기는 놀이의 한마당뿐만이 아니라 관광화로 인한 도약의

기회가 될 수 있다는 것을 살펴보았다.

제6장에서는 축제가 이루어지기 위한 기초적인 작업인 축제기획서를 작성하는 방법을 살펴 보았다.

제7장에서는 제6장의 기본적 바탕을 틀로 삼아 실제 천안흥타령 축제 2005의 기획사례를 예로 들어 현장감 있게 다가오도록 하였다.

제8장에서는 참가자에게 접근하기 위한 활동인 모든 인력 · 장비 · 기술 등의 축제 연출에 대해 살펴보았다.

제9～12장에서는 축제진행을 위해 없어서는 안 될 필수요소라고 할 수 있는 무대 · 음향 · 조명 · 무대 영상 및 특수효과에 대한 기본적 접근과 실제적인 부분들을 살펴보았다.

이 책은 지역문화와 축제에 대한 관련 교재로 활용토록 하였으며 저자에 의해 전적으로 집필되었다기보다는 현재 지역문화와 축제의 관련 자료를 모아 원전을 밝혀두고 집약하였으며 혹 내용의 잘못된 인용이나 편집은 전적으로 저자의 불찰과 한계임을 밝혀둔다. 소고가 나오기까지 긴 시간을 한계와 싸우면서 자료수집과 원고 정리에 최선을 다한 정진화, 김지희, 박진홍 양의 도움에 감사를 드리며 졸고임에도 불구하고 출판에 이르게 한 호서대학교 강일구 총장님을 비롯한 관계 교직원과 도서출판 글누림에게 감사를 드린다.

2005년 11월

태조산 기슭에서

CONTENTS

CONTENTS

CONTENTS

1. 지역문화개론

(1) 지역문화의 개념 및 의의

❶ 문화란 선천적 기능보다는 후천적 기능이 강한 것

문화란 태어나면서 얻어지는 것이 아니라 살면서 습득되어지는 것이므로 각 문화는 상호관계를 갖고 있으며, 어떤 문화에 부딪치면서 다른 문화에 영향을 준다. 그리고 이것은 다음 사람들에게 공유되어 다음 세대로 이러지는 가치관, 지식, 신념체계 그리고 생활의 패턴이라고 할 수 있다.

일본의 세이쇼우손은 "지역문화란 각각 고유한 특색을 갖고 있으며, 지역문화가 갖고 있는 독자성은 역사라고 하는 시간의 종축과 지역 간의 비교가 가능한 공간의 횡축을 두고 보지 않으면 해명될 수가 없다"라고 주장하고 있다.

지역문화의 전통이란 지역의 생활양식 또는 행동동기를 지역주민들이 자각과 긍지를 갖고 전승시켜 가는 것이며, 지역전통문화는 당해 지역에 뿌리를 내린 지역 색이 넘치는 생활문화의 부흥과 창조가 그 기반을 이루고 있다. 그러므로 지역 색이 풍부한 개성이 있는 지역을 창조하기 위해서는 고도의 디자인이 요구된다. 결국 지역문화란 "시간과 공간의 구상을 실현시키고 주체적이고 적극적인 참여와 활동을 유발시키는 기반이 되는 것"이라고 할 수 있다.

이러한 지역문화는 당해 지역사회를 구성하는 지역주민들의 일상적인 삶 속에서 생명력을 유지하며, 그 자체가 생활의 중심이 된다. 또한 자신들의 생활을 여과 없이 진솔하게 반영하며, 희로애락과 관련된 모든 구성원들의 삶의 모습을 역사적으로 농축하고 있어 지역주민 모두가 주체적 · 자발적으로 참가하고 창조해 가는 일상의 생활 형태이기도 하다.

인류의 지식 · 신념 · 행위의 총체를 뜻하는 문화는 라틴어의 'cultura'에서 파생한 'culture'를 번역한 말로 본래의 뜻은 경작(耕作)이나 재배(栽培)였으나, 나중에 교양 · 예술 등의 뜻을 가지게 되었다. 이와 같이 문화(culture)는 그 개념이 애매할 정도로 폭넓게 사용되는 용어인데, 흔히 문화인 · 문화민족 · 문화생활 등에서처럼 어떤 집단이나 개인의 지적수준이나 지성 · 교양을 나타내는 말로 사용되기도 하고, 기업문화 · 여행문화 · 불교문화 · 미개문화 등에서와 같이 어떤 집단 내지 민족이 공유하는 의식 내지 생활양식을 나타내는 단어로 사용되기도 한다.

일반적으로 문화는

㉠ 현대적 편리성(문화생활 · 문화주택 등)
㉡ 교양과 지식, 세련된 생활, 우아함, 예술풍의 요소(문화인 · 문화재 등)
㉢ 인류의 가치적 소산으로서의 철학 · 종교 · 예술 · 과학 등을 가리킨다.

㉠과 ㉡의 경우는 문화가 없는 인류가 과거에 존재하였고, 현재도 존재하고 있다는 것이다. 그러나 현재의 사회과학, 특히 문화인류학에서는 미개(未開)와 문명(文明), 고문화(高文化)를 가리지 않고, 모든 인류가 문화를 소유하며, 인류만이 문화를 가진다고 생각한다. 여기에서 문화란 인간이 집단적으로 갖는 사유(思惟)와 행동의 양식(생활방식) 중에서, 유전에 의하는 것이 아니라 학습에 의해서 소속하는 사회(협동을 학습한 사람들의 집단)에 의해 의도적으로 가르쳐지고, 습득하고 전달받은 것 전체를 포괄하는 총칭이다. ㉢의 경우는 독일의 철학이나 사회학에 전통적인 것이며, 인류의 물질적인 소산을 문명이라 부르고, 문화와 문명을 구별하고 있다.

문화의 사전적 정의를 살펴보면, "동 세대 내에 존재하거나, 한 세대에서 다음세대로 전승·전달되는 민족이나 집단의 사상·관습·기술·예술 등의 총체이거나, 또는 어떤 특정한 시기에 특정한 민족이나 집단이 지니는 사상·관습·기술·예술 등의 총체"를 의미하기도 하며, 그 외에도 문화에 관한 정의는 다양하나 대부분 문화가 '집단의 구성원이 공통적으로 지니는 어떤 것'이라는 데에는 의견을 같이한다. 이와 같은 일반적인 정의에 의해 파악해 보면 문화의 범위는 지식·신앙·가치관·이념·예술·규범전달의 양식과 이러한 양식들을 유지하고 전수하며 또 창조하는 수단인 교육·종교·이념·예술의 전달매체 등 일체를 포괄한다고 할 수 있다.

또한 이러한 문화는 보편성·특수성·전파성을 그 특성으로 한다. 비슷한 환경이나 조건 아래에서는 시간과 공간을 초월하여 매우 유사한 문화가 창조된다는 데에서 문화의 보편성을 들 수 있으며, 이러한 보편성 가운데서도 동일한 문화가 발생할 수 없다는 점에서 문화의 특수성을 말할 수 있다. 문화의 전파성은 상대적으로 우세한 문화가 그보다 열세한 타 지역으로 파급되는 것을 말하며, 전파된 지역의 독자적인 요소가 그러한 문화에 더하여져서 문화변용이 일어난다. 이러한 문화의 특성에서 보다 중요한 것은 인간이 문화를 창조하고 담당하는 주체가 되며, 하나의 문화는 다른 문화와 시간적 · 공간적 상호유대 없이 독립적으로 존재할 수 있다는 것이다. 모든 문화는 주위의 여러 문화와 상호작용을 하며 발전하고, 이전의 문화를 기반으로 하여 변화하고 창조되기도 하며, 앞으로 형성될 문화의 기본적인 바탕이 된다.

❷ 문화는 일반적으로 그것은 관념, 태도, 행동, 그리고 대상물로 이루어진다.

문화의 존재에 대하여 많은 인류학자들이 대답하기 어려운 한 문제였다. 문화는 유기체 안에(개념, 감정 등), 인간 상호 간의 행위에, 그리고 물체(objects)에 존재한다. 그것이 문화가 위치하고 있는 세 가지 장소라 할 수 있다. 그런데 이 가운데서도 문화의 진정한 소재지는 개인들의 상호작용 사이, 즉 '인간들이 만나고, 상호작용 하는 사이'인데 바로 여기에 문화가 있다고 본다.

또한 문화는 자연에 상대되는 상태를 말한다. 자연이 원래 저절로 이루어져 있는 원초적 상태를 지칭한다면 문화는 자연의 일정부분에 사람의 의도와 작용이 가미되어서 조작되고 변화된 상태이다.

문화는 한 개인이 아닌, 집단의 행위 양식에 초점을 두고 있다. 한 사람이 음악을 들으며 공부를 하는 버릇이 있다면 이는 단지 그 사람의 개인적 습관일 뿐 문화라고 말할 수는 없다. 하지만 다수의 청소년들이 귀에 이어폰을 꽂고 라디오를 들으며 공부하는 풍조를 나타낸다면, 이는 청소년들의 새로운 면학 분위기를 나타내는 것으로, 그들만의 새로운 문화라고 할 수 있다.

따라서 늘 일정한 규모의 집단성을 전제로 하고 있는 사회는 어떤 형태로든 문화를 갖고 있으며, 그 구성원들은 그것을 향유하고 있다. 아프리카의 원주민들조차도 그들 나름의 문화를 갖고 있으며 또 그 문화에 따라 삶을 유지하고 있다. 일면 문화란 우리가 매 순간 공기를 호흡하면서 공기의 존재 여부나 그 소중함에 대해 깨닫지 못하고 있는 것과 마찬가지로 문화는 모르는 사이에 개개인의 느낌, 일상적인 생활양식 등 모든 영역에 속속들이 영향을 미치고 있다.

사람이 다른 동물과 구별되는 특징 중의 하나는 스스로에게 주어지는 자연성을 발견하여 그것을 극복하는 능력을 지녔다는 점이다. 오히려 자연성을 극복할 수 있는 능력을 얼마나 많이 갖고 있느냐 하는 점이 그 사람의 발전 가능성으로 간주되기도 한다. 그래서 발전 지향적 관점에서는 자연성을 극복하는 집단적 능력, 즉 문화는 늘 찬사를 받아야 마땅한 것으로 간주하기도 한다.

문화가 내포하고 있는 긍정성 때문인지는 몰라도 우리의 일상에서 문화라는 말만큼이나 다양하고도 폭넓게 사용되는 말을 찾아보기가 쉽지 않다. 예컨대 지역이나 상호의 이름(문화동, 문화거리, 문화식당, 문화일보, 문화슈퍼), 품격 있는 행사의 종류(문화음악회, 문화축제, 세종문화회관), 사람의 옷차림(패션문화)이나 어투(언어문화), 인품의 특성(문화시민, 문화민족, 문화인), 여러 영역에 걸친 집단적 삶의 모양(음식문화, 주거문화, 직장인문화, 여성문화, 청소년문화), 특정 영역이나 지역에서 사람들이 일반적으로 따르는 생활의 방식과 인위적 환경(여가문화, 길거리문화, 도시문화, 지방문화, 화장실문화) 등을 그 예로 들 수 있다.

문화가 붙어서 만들어진 말들을 분석해 보면 문화에는 일단 크게 두 가지의 뜻이 내포되어 있음을 알 수 있다. 하나는 좁은 의미를 가진 문화로, 사회성원의 다수를 차지하고 있는 일반 서민들의 일상적 생활 관행과는 동떨어져서, 특수 계층이나 소수의 부류들이 즐겨 찾는 고매하고 품격 있는 취미나 취향, 더 나아가 아주 특정인들만이 즐기며 해낼 수 있는 예술적인 취향과 성과를 지칭한다. 또 다른 하나는 넓은 뜻을 가진 문화로, 사회성원들을 일정한 기준, 즉 출신 지역별 · 민족별 · 세대별 · 계층별 · 학력별 등으로 구분하여 집단화시킬 때, 각각의 다른 집단과 구분되는 삶의 총체적 유형을 지칭한다.

따라서 문화는 다음과 같이 두 가지의 뜻을 지닌다.

좁은 뜻 : 특수 집단의 사람들이 일반 대중과 차별해서 추종하여 즐기는 생활에서의 멋, 우아함, 고매한 취미와 예술

넓은 뜻 : 특정 사회(조직)의 구성원들이 일반적으로 옳은 것으로 받아들이는 삶의 총체적 양식

E. B. Tyler : 문화란 사회구성원으로서 획득한 지식 · 신앙 · 예술 · 도덕 · 법률 · 풍습 및 기타 모든 능력과 기능을 포함하는 복합적 총체이다.

P. A. Sorokin : 상호작용 하는 사람들이 소유하는 의미 · 가치 · 규범의 전부와 이러한 의미들을 객관화하고 사회화 시키며 전달하는 매체의 전부를 말한다.

(2) 문화의 본질과 기능

❶ 문화의 본질

① 문화의 학습성

어떤 것이 문화적인 것으로 간주되기 위해서는 학습된(learned) 것이어야 한다. 한국인은 한국어 실력을 갖고 태어나는 것이 아니라 단지 학습능력만을 갖고 태어나 이를 후천적으로 학습을 통해서 습득된다.

② 문화의 축적성

인간은 윗세대의 지식을 상징적인 언어를 통해서 다음 세대에 전하고 축적(accumulated)시키기 때문에 문화는 다음 세대로 전해지면서 세련되고 발전된다.

2002년 월드컵 응원

③ 문화의 다양성

한 사회집단의 문화는 수많은 부분들로 구성된다. 이런 부분들은 무작위 또는 각기 독립적으로 존재하는 것이 아니라 상호 긴밀한 관계를 유지하면서 하나의 전체(whole) 또는 체계(system)를 이룬다. 인간의 본성이 너무나 복잡하여 인간문화 또한 너무나 다양한데, 이것은 한 국가단위에서 뿐만 아니라 전체적인 인류문화가 이질적이며 극히 다양하기 때문이다.

④ 문화의 가변성

시간적인 차원에서 보면 문화는 결코 정수(constants)가 아니라 변수(variables)이다. 문화변동이 일어나는 이유는 문화접촉으로 진화되어 내부적 요인에 의한 것이든, 외부적인 요인에 의한 것이든 간에 변동은 문화의 기본적인 속성이나, 이 변동 뒤에는 안정을 유지하려는 문화의 연속성, 즉 집단의 사회적인 균형상태를 유지하려는 경향이 다분히 있다. 이와 같은 문화의 기능은 인류가 인류로 남기 위해 인류에게 생존을 안전하게 해 주고 영속시키는 기능이다.

⑤ 문화의 상징성

인간은 동물이다. 그러나 인간은 동물 중에서도 독특한 동물이다. 모든 종(species) 중에서도 인간만이 우리가 상징력(symbolic ability)이라고 부르는 하나의 능력을 가지고 있다. 상징력이란 외계의 사물과 사건들에 자유롭게 또는 인위적으로 의미나 가치를 창작하고 결정하며 부여하는 능력이며, 또한 그런 의미들을 이해할 수 있는 능력을 말한다. 따라서 인간은 상징적 사고와 상징적 행동을 행하는 심벌의 동물로서 인간문화의 진보 전체가 이 조건들에 기초를 두고 있다고 할 수 있다. 그런데 진정한 인간의 상징은 획일성이 아니라 자유롭게 변동하는 성격을 띠고 있다. 여행자체는 모두 상징이다. 여행의 내구적 가치와 유일한 잉여가치는 경험이나 추억인데, 이것은 어떤 의미와 가치를 지닌 상징성이라 할 수 있다.

❷ 문화의 기능

문화를 이루어 내는 주체는 특정의 사회 집단이지만 일단 만들어진 문화는 그것이 하나의 실체로 존재하면서 각각의 구성원들에게 일정한 영향력을 행사한다. 그리하여 혹자는 문화와 이를 추종하는 사회 구성원들 간의 관계를 거미줄과 거미에 비유하기도 한다. 자신의 몸에서 실을 뽑아 거미줄을 만들어 내지만 일단 쳐진 거미줄에 자신의 생존을 맡길 수밖에 없는 거미의 상황과, 사회 구성원 개개인의 사고와 행위의 집적 결과로 문화를 만들어 내지만 일단 만들어진 문화에 의존할 수밖에 없는 사회 구성원들의 상황은 일맥상통한다고 볼 수 있기 때문이다.

① 개인의 욕구 충족성

문화를 통해 개개인은 스스로가 특정 집단에 속해 있음을 확인할 수 있다. 이는 구속을 통해 안도감을 얻으려는 인간의 소속감에서 비롯되었다고 본다.

② 개인의 사회화 가능성

사회화란 개인이 특정 사회 가치를 내재화하는 과정이라 할 수 있다. 개인은 문화를 통해 사회 일원으로서 개인에게 부과되는 역할과 지위를 자각하게 되고, 그로부터 사회적 책임과 권한을 갖게 된다.

③ 행동의 준거성 제시

사회 구성원은 문화를 통해 자신의 행동이 옳은가 그른가를 판단할 수 있다. 문화적 준거는 개인을 사회 구성원으로 인정하거나 아니면 인정하지 않으므로 지지 혹은 제재를 가한다. 이로써 사회가 유지되는 분명한 틀이 나타난다.

④ 사회변동성

문화변동이 사회변동의 원동력이 되기도 한다. 특히 세대 간 갈등이 보여 주듯이 분명한 세대 간 차이는 새로운 형태의 사회적 관계를 이룬다.

❸ 문화의 유형

특정 사회의 특성을 결정짓는 사회적 관계는 1차적으로 개인 '나'를 중심으로 전개된다. 자연인으로서 '나'는 물질(materials)로 대변되는 자연환경, 나 이외의 타자(others)로 대변되는 사회적 환경, 형이상학적인 관념적 세계(meta-world)와 계속적으로 접촉을 유지하면서 삶을 영위해 나간다. 결국 자연환경, 사회적 환경, 그리고 관념적 세계는 자연인인 '나'에게는 상호작용의 대상, 즉 객체가 되는 것이다.

사고와 행동의 주체자인 '나'는 사물, 타인, 관념으로 이루어지는 세계 속에서 각각의 대상들과 2차적으로 상호작용 한다. 즉 나는 물질을 접함으로써 소유하고 사용(이용)하려고 하며, 내 주변의 사람들(타인들)과 부딪침으로 그들을 적절히 대접하여 그들과 관계를 맺으려 하며,

형이상학적인 주제를 갖고 사색(궁리)하여 나름의 가치를 만들어 내려고 한다. 각각의 행동객체와의 관계 속에서 개인으로서의 '나'는 특정한 상황 속에서 쓸모가 있는 테크닉, 태도, 이념을 터득하게 된다. 비슷한 자연환경과 사회환경, 관념세계 속에서 살아가는 비슷한 경험을 통해 비슷한 자연환경과 사회환경, 관념세계 속에서 살아가는 비슷한 경험을 통해 비슷한 지식을 얻고, 이 지식이 객관성과 일반성을 지니게 되면 문화적 토대를 형성하게 되는 것이다. 각각의 환경 속에서 만들어진 문화적 토대가 공학, 태도, 이념 등을 형성한다.

문화의 이것을 나누는 기준에 따라 몇 가지 유형으로 구분할 수 있다.

첫째, 문화는 일반적으로 물질문화와 비물질(정신)문화, 중핵문화와 주변문화로 구분되기도 한다. 연필, 여객기, 자동차는 물질문화이며 이와 대조적으로 가치, 신념, 규범 등은 정신문화다. 그리고 그 사회의 성인 다수 집단이 향유하며 상당한 정도의 지속성을 갖고 유지되는 문화를 중핵문화라 하고, 이와 상대적으로 중심이 되지 못하고 일부 소수집단에게만 독특하게 일시적으로 존재라는 문화를 주변문화 혹은 하위집단문화라 한다. 청소년문화, 흑인문화, 청년문화, 등은 주변문화에 속한다.

둘째, 문화는 그 내용에 따라 경험적 문화, 심미적 문화, 그리고 규범적 문화로 나누기도 한다. 자동차 운전법, 우주선 제조법과 같은 기술적 지식은 경험적 문화에 속하고, 음악, 미술, 댄스, 문학 같은 미에 관한 가치나 이념은 심미적 문화에 속하며, 규범, 제재, 선악의 기준은 규범적 문화에 속한다. 이를 정리하면 다음과 같다.

┌ 물질문화 : 정신적 문화 요소가 표현되어 가시적 형태로(예컨대 자동차, 책상 등과 같이) 유지되는 문화
└ 정신문화 : 인간의 정신적 상태로 유지되는 문화, 즉 가치나 신념 등

┌ 주변문화 : 특정 소집단, 혹은 하위계층의 사람들이 만들어 유지하는 문화
└ 중핵문화 : 전통 있고 사회적으로 큰 권력과 영향력을 지닌 집단이 만들어 유지하는 문화

┌ 경험적 문화 : 사물을 다루고 조작하는 집단적 능력과 관행
│ 규범적 문화 : 집단 구성원들이 서로 간 관계를 유지하는 형태
└ 심미적 문화 : 형이상학적인 사유 형태

❹ 문화의 속성

문화는 그 자체가 하나의 실체로서 다음과 같은 특성을 지닌다.

① 상호 유기성

문화는 그것을 구성하는 요소들 간에 상호 유기적 관계를 이루면서 전체로 나타난다. 문화를 구성하는 요소들 간에 아무런 관계없이 독립적으로 존재하는 문화는 하나도 없다. 예컨대 최근 들어 정보통신의 기술의 발달로 사회 구성원 4명 중 한 명이 개인 휴대전화를 갖게 됨에 따라 사회에서 개인주의가 더욱 심화되면서 새로운 인간관계가 형성되고 있다. 또한 서양에서부터 발달한 '악수'문화는 단지 예절로서의 의미를 가진 것이 아니라 '칼'이라는 무기문화와 관련이 있다. 악수는 중세 기사들이 자신의 오른손에 칼을 들고 있지 않음을 나타내는

‘선린우호’를 표현하는 수단이었다. 이렇듯 ‘악수’라는 예절문화 이면에는 ‘칼’과 관련된 전쟁문화가 숨어 있는 것이다. 따라서 사회의 각 영역은 개별적으로 발전하는 듯이 보이지만 어느 한 부분에 변동이 생기면 다른 부분에도 영향을 끼치게 된다.

② 역사성

문화는 오랜 역사적 과정 속에서 인류가 창조해 낸 역사적 산물이며 사회경험의 축적물이다. 오늘날의 문화는 하루 이틀에 이루어진 것이 아니라 인류문화를 통해 수세기 동안 축적되어온 결과인 것이다. 따라서 문화가 이러한 인류역사의 축적물이라는 성질을 갖고 있기 때문에 사람들은 문화를 흔히 사회적 유산(social heritage)이라 부른다. 예컨대 쌀과 김치를 먹는 식생활, 명절이면 조상의 산소를 찾아가 예를 올리는 풍습, ‘춘향전’이나 ‘심청전’과 같은 고전문학들이 오늘날 우리에게 전승된 것은 바로 문화가 갖고 있는 역사성이라는 속성 때문이다. 문화의 전승 과정에서 문화 내용이 그대로 이어져 가는 것은 아니며, 한 세대가 만든 문화의 내용에 또 다른 삶의 형태가 가미되어서 새로운 문화를 만들어 내기도 한다. 예를 들어 인공위성은 과학자들의 연구 결과가 세대를 거치면서 첨가되어 쌓여진 축적물이다. 이러한 문화의 축적은 언어와 문자, 그리고 교육과 같은 다양한 영역에서의 삶이 집적되지 않고서는 불가능한 일이다.

③ 상대성

사람들이 제 나름대로 사고방식과 행동양식을 가지고 살아가듯이 삶의 총체적 유형으로 나타나는 문화 역시 다양한 형태를 띠고 있다. 어떤 문화권에서는 장례식 때 사람들이 검은 옷을 입는가 하면, 또 어떤 문화권에서는 흰 옷을 입는다. 죽은 자에 대한 애도의 표현방법이 각각 다르기 때문이다. 따라서 학자들은 문화를 연구할 때 그 사회의 구체적 맥락을 고려하는 것이 매우 중요하다고 강조한다. 이와 같이 한 문화의 고유성과 독창성, 역사성을 존중하고 타문화를 자기 시각에서 가치평가하지 않는 것을 문화 상대주의라고 한다. 흔히 문화의 다양성과 상대성을 무시하고 자기 민족 중심적으로 문화를 이해하려 할 때는 문화우월주의에 빠질 수 있다.

④ 공유성

아무리 위대한 사람이라 할지라도 독자적인 행동이나 노력으로 문화를 바꿔 놓을 수는 없다. 개인이 행하는 행위는 단지 개인적 습관일 뿐이지 문화로 간주되지는 않기 때문이다. 그러나 개인의 행태(behaviors and attitudes)가 사회의 다른 성원들에 의해 공유되었을 때 우리는 그것을 문화라 부른다. 물론 어떤 가치나 규범에 대하여 사회성원 모두가 합의하여 공유할 수는 없다. 예컨대 한국 사람들은 대부분 김치를 즐겨 먹지만 김치를 싫어하는 사람도 있다. 또 한국인이라고 해서 무조건 국악을 좋아하지도 않는다. 그렇지만 한국의 어느 식당을 가든 기본 반찬으로 김치는 반드시 나오고, 랩에 몰두해 있는 신세대 청소년도 사물놀이의 장단에 따라 흥을 자아내기도 한다. 김치와 한국적 장단은 한국인들의 공유된 문화이기 때문이다. 공유된 문화로 인해서 사회성원은 서로가 서로의 행동에 대해 예측할 수 있으며, 이로써 사회성원들 사이의 원활한 사회생활이 가능해 진다. 하지만 이러한 문화의 공유성으로 인해 사회성원의 사고와 행동이 상당히 제한을 받기도 한다. 한국에 산업연수로 온 외국인 노동자가 한국 사회에 쉽게 적응하지 못하는 것은 한국문화에 대한 공유성을 쉽게 나눠 갖지 못하기 때문이다.

⑤ 학습 가능성

문화가 공유되는 것이라 하여 유전적으로 물려받은 생물학적 특징까지 문화라고 하지는 않는다. 사람은 출생시 자연 그대로의 상태에 있다. 따라서 태어날 때부터 문화를 몸에 익히고 나오는 것은 아니다. 사람은 태어날 때 단지 문화를 배울 수 있는 능력만을 갖고 나올 뿐이다. 문화는 사람의 성장과정에서 인간 상호작용을 통해 학습되는 것이다. 이러한 문화 학습의 수단으로는 가정교육이나 친구들과의 놀이나 담소와 같은 비공식적 수단과 학교교육이나 직업훈련을 통한 공식적 수단이 있을 수 있다. 결국 사람은 출생 후 개인이 영위하는 사회생활의 맥락 속에서 문화를 습득하는 것이며, 문화는 학습 과정을 통해 전승될 수 있다. 예를 들면 갓 태어난 아기는 말을 배울 수 있는 능력만을 갖고 태어났지 선천적으로 말을 할 수 있었던 것은 아니다. 그리고 그 아이는 일차적으로 가족간의 상호작용을 통해, 그리고 나중에는 좀 더 체계화된 학교교육 활동을 통해 언어라는 문화를 배우게 되는 것이다. 이때 아이가 접하는 일차적 문화 환경이 미국의 환경이면 영어를 먼저 배우게 될 것이고, 한국의 환경이면 한국어를 먼저 습득하게 될 것이다.

⑥ 변화 가능성

문화가 유지되고 전승되는 데는 어느 정도의 규칙성이 있으나, 고정불변의 것이 아니라 시간의 경과에 따라 점차 변화한다. 따라서 변하지 않는 문화는 실제로 있을 수 없다. 다만 변화의 정도에 있어서 차이가 있을 뿐이다. 문화의 변동성을 잘 보여 주는 예로는 통신문화의 변화를 들 수 있다. 가장 원시적인 통신수단은 불이나 연기를 피워 멀리 떨어진 곳에 연락을 취하는 봉화였다. 그 다음 등장한 것이 유선전화→무선전화→휴대전화와 같은 전화 통신의 개선 과정이다. 이렇듯 사람들이 일상생활에서 직면하는 문제에 대해 새로운 방식으로 해결을 시도하면서, 보다 더 효과적인 방식이 성원들에게 널리 확산되어 낡은 방식과 대체되는 과정에서 인류 문명은 발달되어 왔다. 두 개의 서로 다른 유형의 문화가 서로 접촉하여 전혀 새로운 문화를 만들어 내기도 하며, 여러 세대에 걸쳐 문화를 전수함으로써 문화의 변화를 일으키기도 한다.

❺ 문화의 변동

문화는 하나의 형태로 영속적으로 유지되지 않는다. 한번 형성된 문화라 하더라도 주변의 상황과 상호작용하면서, 그리고 다른 문화와 융합 혹은 충돌하면서 일정한 모양으로 변동해 나간다. 변화하려고 하는 문화 요소들에 대해 이를 억제하는 요인들도 있다. 브라운(F. J. Brown)은 문화변동에 대한 저항요인으로서 세대의 중복, 문화의 타성, 기득권, 문화적 고립 등을 들고 있다.

① 문화전계

문화가 앞선 세대로부터 뒤에 오는 세대에 전달 · 전수되는 현상을 말한다. 문화의 세대 간 전수라 할 수 있다. 문화변동의 가장 자연스러운 형태이다.

② 문화접변

특정의 한 문화가 다른 문화와 서로 접촉하게 됨으로써 또 다른 제3의 문화를 이뤄내는 현상을 말한다. 문화변동의 바람직한 유형에 속한다.

③ 문화이식

특정 지역 혹은 특정 집단의 지배문화가 다른 지역 혹은 집단에게 급속하게 전파되는 현상을 의미한다. 대개 강제적인 방법이 동원되어 일어나는 현상이다.

④ 문화결핍

원만한 문화성격(culture personality)을 형성하기 위해서는 생물학적 요인, 자연환경적인 요임, 문화적 요인들을 균형 있게 갖춰야 한다. 그중에서 특별히 행동 형성의 준거가 되는 문화적 요소가 부족하거나 박탈되어 있는 상태를 문화결핍(cultural deprivation)이라 한다. 문화결핍은 대개의 경우 출신 가정의 사회적·경제적 지위가 상대적으로 낮은 것에서 비롯된다.

문화결핍 현상이 교육에서 문제된 것은 1960년대에 흑인이나 소수민족 출신 하류층 아동들의 언어박탈, 학업부진, 중도탈락, 비행이 증가하면서부터였다. 대개의 경우 문화결핍자들은 사물이나 사회현상에 대하여 부정적인 태도를 취하거나 반감을 갖는 것으로 나타나고 있다. 최근 우리나라에도 초·중등학교 학생들 중에는 결식아동뿐만 아니라 소년 소녀 가장도 많이 있으며, 그 밖에 많은 아동들이 고아원을 비롯한 기관시설에서 생활하며 공부하고 있는 실정이다. 이들을 모두 문화결핍자로 볼 수는 없으나 이것은 분명히 하나의 사회문제라 보지 않을 수 없다. 문화결핍에 대한 교육프로그램이 더욱 적극적으로 개발될 필요가 있으며, 특히 학교 시설의 평준화를 위해 낙후 학교시설에 대한 교육재정의 투자가 요청된다.

⑤ 문화지체

오그번(W. Ogburn)은 종교, 가치관 및 사회제도와 같은 비물질적인 문화는 도구나 기술 등 물질적 문화보다 전파와 변동의 속도가 일반적으로 느리다는 점을 지적하고 있다. 기술의 발달은 물질생활의 급격한 변화를 일으켰지만 물질적인 측면과 관련 있는 제도나 가치의 변화가 물질 변화 속도를 따르지 못하고 기술발달이 계속되어 그 간격이 점점 커지는 현상을 문화지체(cultural lag)라 한다. 달리 말해서 문화지체란 문화의 구성요소들 간의 변동의 차이로 말미암아 생기는 문화요소들 간의 변화 차이를 뜻한다. 예를 들면 자동차의 수는 늘어나는데 반해 도로의 조건이 개선되지 않거나 교통도덕과 같은 질서의식이 확립되지 못한 경우, 공장에서 보다 복잡해진 기계 때문에 산업재해가 계속 늘어 가지만 산업재해를 보상하기 위한 사회보장제도가 확립되지 못한 경우, 의학의 발달로 노인 인구는 늘어가지만 노인복지 대책이 미흡한 경우, 여자 대학생이 재학 중 결혼하는 사례는 늘어나지만 결혼한 학생을 제적처리토록 되어 있는 학칙이 그대로 존속되고 있는 경우 등이 모두 문화지체의 예들이다.

오그번은 문화지체의 요인으로 여러 가지를 지적하고 있으나 그 중 중요한 것으로는 기술, 지식, 경험 같은 빗물질 문화에 있어서의 발명이나 개혁의 결여, 그리고 빗물질 문화의 문화적 타성과 문화 저항을 들고 있다. 어떤 요인에 의해서 발생하건 문화지체는 사회의 혼란과 긴장을 초래할 수 있으며, 더 나아가 사회 통제력의 약화, 문화와 개인 성격의 상호관계성 단절, 그리고 사회와해를 초래할 수 있다.

2. 축제의 본질과 의미

(1) 축제의 개념

지역축제의 현대적 개념은 '질 높은 정신적 삶'에 대한 추구를 일차적인 목적으로 하지만, 사회적 차원에서 볼 때에는 '사회 구성원 간의 동질성 공유'를 그 목적으로 한다. 지역축제는 '질 높은 정신적 삶'을 가져옴으로써 개인적으로는 행복감을 가져다주며 나아가 사회 동질성을 확립시킨다. 동일한 의미를 지닌 사회 속에 통합되어 있다는 확신감과 소속감을 준다. 이러한 동질성은 구성원 각자의 동질성과 밀접한 관계를 가지며, 이는 사회나 국가에 대한 소속감을 확립시켜 구성원 각자에게 공동체에 대한 자긍심 내지는 자부심을 준다. 이러한 측면에서 지역축제는 지역의 건전성을 유지하고, 또한 지역의 역동성을 부여함으로써 지역발전에 기여하는 중요한 행사인 것이다. 현대사회에서의 축제가 의미를 가지려면 제의(祭儀)성을 대체할 수 있는 요소를 찾고 그것에 부합되는 축제를 강구할 필요성이 있다. 오늘날 지역축제는 인간의 일상적인 삶에 신명과 활력을 불어넣고, 이로 인해 인간과 사회에 생활력을 찾게 하는 근원적인 의미가 있음을 알 수 있다. 또한, 지역축제는 인간의 다양해져

가는 문화적 욕구를 충족시킬 수 있는 속성으로 인해 새로운 체험의 장소로서 제공되고 있으며 이를 통해 지역축제에 의한 지역민의 삶의 질 향상과 지역사회의 경제 활성화, 지역문화를 풍요롭게 하는 특색을 엿볼 수 있다.

지역축제가 지역문화를 바탕으로 하는 것은 여러 해 동안 지역 내 거주하면서 구성원 간의 공동체 의식 속에서 형성된 사회적 관계에서 비롯되기 때문이며, 또한 동일한 지역을 기반으로 생활문화와 전통을 공유함으로써 많은 분야에 걸쳐 상호교류가 가능하고 사회적 상호작용(social interaction)을 긴밀히 할 수 있기 때문이다. 더욱이 이를 통해 궁극적으로 지역공동체의 유대감(connectedness) 또는 연대감을 형성시킬 수 있으며, "우리"라는 의식과 소속감 또는 공동체 의식을 갖게 하는데 있어 축제의 기여도가 크다.

축제에 대한 개념을 살펴보면, 사전적 의미로 "축(祝)"이라는 의미는 'written prayer', "제(祭)"는 'festival'로 정의되고 있다.

축제에 대한 과거의 개념이 "복을 바라고 신이나 조상에게 비는 행위"에서 기인하고 있다. 한자로 축제(祝祭)는 신에게 제물을 바치고 기복하는 모습을 형상화한 글자이다. 즉 사람(人)이 말(口)로 신에게 기원하는 것(示)을 형상화한 글자인 축(祝)과 제물을 손으로 제상에 놓는 모습을 형상화한 제(祭)가 결합한 단어이다. 영어로는 영어의 'festival'은 라틴어의 'festym'에서 유래된 것으로, 이 뜻은 대중적인 기쁨(public joy), 환락(merriment), 떠들기(revelry)를 의미한다. 또 다른 어원으로 'feria'가 있는데, 이는 신들을 위한 일로부터의 단절(abstinence)을 뜻한다. 'festival'은 예술적 요소가 가미된 제의를 뜻하는데, 이와 유사한 용어로 'rite', 'ritual', 'ceremony' 등을 들 수 있다. 'rite'는 '의례'로, 'ritual'은 '제의'라고 번역하는데, 'ritual'이 'rite'

보다도 전통적 구속력이 다소 강한 편이다. 그리고 'ceremony'는 '의식'이라고 하여 '의례'보다 비종교적인 성격을 띠고 있다. 그밖에 'cult(숭배)'나 'worship(예배)'은 관습보다 개인의 신앙적인 측면을 중시할 때에 사용하는 단어이다. 이상에서 살펴본 '축제'의 어의를 종합해 보면, '축제'라는 용어는 "예술적 요소가 포함된 제의"로 압축할 수 있겠다. 어원상으로 축제는 일에서부터 해방되어 자유롭게 떠들고 즐긴다는 놀이적 인식이 강하다고 볼 수 있다. 축제에 대한 학자들의 개념 정의에 대한 접근방법은 다음과 같다.

축제에 대한 학자들의 개념 정리

학자	개념 정의	특징
하아비콕스 (Harvey Cox)	–억압되고 간과되었던 감정표현이 사회적으로 허용된 기회이며 그 기회에는 세 가지 본질적 요소가 있음 ① 고의적 과잉성(축제가 환락을 추구하는 행위하는 의미) ② 축의적 긍정성(축제가 언제나 기본적으로 생을 긍정한다는 자세를 필요로 한다는 뜻) ③ 대국성(축제는 일상생활과 판이하게 다른 상황을 보여주는 것)	축제하는 존재(Homo Festivus) 환상적인 존재(Homo Fantasia)
까이요아 (Roger Callois)	–인간적 생명을 구성하고 있는 본능적이고 무궤도적인 요소가 자기표현을 할 수 있도록 일시적으로 허용될 때 일어나는 현상	놀이하는 존재(Homo Ludens)
피이퍼 (Josef Pieper)	–환희와 긍정의 요소가 들어 있으며, 그것 자체를 목적으로 삼고 추구되는 활동	'그러니까/위하여'로부터 완전히 격리되는 예외적인 것
시몬 (Weil, Simone)	–건각(健脚)을 격려하기 위한 표석(標石)과 마찬가지로 생활에 없어서는 안 되는 활동	생활과 함께 성장하는 것

학자	개념 정의	특징
괴테 (Goethe, Johann Wolfgang von)	-국민에게 주어지는 것이 아니라, 국민 스스로 취하는 것 -단순한 휴식이 아닌 재생산을 위한 휴식과 놀이마당에서 종합예술을 펼치는 고도의 인간활동	레크리에이션(Re-creation)적 활동
게츠 (Getz)	-주제를 지닌 공공의식 -인류학 사회학의 의미에서 보면 축제성과 종교, 지역사회와 밀접한 관계를 갖고 있으며 개인적인 소비재의 성격보다는 특별한 목표를 주지시켜주는 역할을 하는 공적인 성격의 행사	종교적 연관성
L.프레데릭센 (Fredericksen)	-개인 또는 공동체에 특별한 의미가 있거나 결속력을 주는 사건 또는 시기를 기념하여 의식을 행하는 행위 -과거의 축제는 사회와 공동체, 자신들의 종교를 유지하기 위해 사람들에게 정보를 전달하고 응집력을 부여하는 중요한 장치	의식(Ceremony)적 성격 주창

종합하자면 지역축제는 넓은 의미의 제의(祭儀)의 한 형태로서 구조적으로는 비종교적인 제의성과 예술·놀이적인 요소를 함께 가지고 있다고 볼 수 있다. 지역축제는 일과 놀이, 생산과 유희의 연결고리로써 상호보완과 규제기능을 갖는다고 볼 수 있으며, 일하는 인간에서 놀이하는 인간(homo ludens)으로 뒤바뀌는 것은 바로 지역축제라는 매체를 통해서 이루어진다.

따라서 축제는 생활공동체 구성원들이 노동과 속박에서 벗어나 풍요를 기원하며 벌이는 제의이며 동시에 춤과 노래를 통해 자연스런 감정을 털어놓은 잔치이며 놀이마당이다.

협의의 축제와 광의의 축제의 의미

협의의 축제	광의의 축제
지역과의 역사적 상관성 속에서 생성, 전승된 전통적인 문화유산을 축제화 한 것을 의미.	전통축제, 문화제, 예술제, 전국민속예술경연대회, 각 지역의 민속예술공연 등 문화행사 전반을 포함.

축제는 어떤 일의 성사를 빌고 하례하는 축일(祝日)과 신령에게 정성을 드리는 제일(祭日)이 합쳐진 단어이므로, 그 속에서 축일이 갖는 오락성과 제일이 갖는 종교성이 함축되어 있다. 그리고 제삿날을 뜻하는 제일 속에서 주기성도 확인 할 수 있으며, 여기에 이전 세대에 형성되어 후세로 전승된다는 뜻의 접두어, 전통을 덧붙인다면 축제의 주기성은 더욱 강조된다. 이렇게 종교적 신성성과 연의적 놀이성의 양면성이 축제의 근원으로서 노래와 춤, 거기에 곁들인 술과 가락이 융합되어 자연스럽게 우리 민족의 민속축제가 그 모양(형식)을 조금씩 갖추어 갔다.

인간은 축제하는 존재(homo festivus)라는 말이 있을 정도로 인간의 본성 중에 축제와 관련된 요소가 있다. 인간은 고대로부터 자신의 안위를 결정한다고 믿는 절대자를 상정하고 그를 신격화한 후에 그에게 대한 숭배와 함께 자신들의 생명과 재산의 보전은 물론, 앞으로의 소망을 기원하는 행사를 가졌는데, 이것이 축제의 발생이라고 할 수 있다. 이런 축제가 시간이 지남에 따라 본래의 기원의 의미가 줄어들고 놀이적 요소가 강화됨에 따라 점차 이벤트의 성격을 띠게 되었다.

축제의 기본적인 형태는 즐거움으로 대변되는 잔치라고 할 수 있으므로, 즐겁지 않은 축제는 그 존재의 근거를 잃어버린 것이나 다름없다. 김선풍은 어떤 집단의 문화적 · 사회적 동질성을 밝히는 가장 좋은 수단은 놀이이며, 호이징가(Huizinga)는 그 놀이의 가장 높은 형식은 축제라고 하였다. 따라서 축제는 여흥 · 놀이 · 난장판의 이미지를 지니게 되며, 떠들썩한 놀이판이라는 뜻에서 굿과 합성어를 이루어 굿잔치 또는 굿놀이 등으로 불려지기도 한다.

지금 우리들이 쉽게 사용하는 '축제'라는 단어는 우리나라의 옛 문헌에서는 찾아지지 않는데, 이는 '축제'가 후대에 만들어진 용어이기 때문인 듯싶다. 물론 축제와 비슷한 말로서 '제전(祭典)' 혹은 '축전(祝典)'이라는 말이 있기는 하다. 제전은 '제사를 지내는 의식' 또는 '성대하게 열리는 예술 · 문화 · 체육 등에 관한 사회적 행사'를 의미하며, 축전은 '축하하는 의식이나 식전'을 뜻한다. 이외에 축제와 비슷한 개념으로 사용하는 말로 '잔치'가 있는데, 이는 '기쁜 일이 있을 때 음식을 차리고 손님을 청하여 즐기는 일'을 가리킨다. 하지만 이들은 모두 '축제'라는 용어의 정확한 뜻을 내포하고 있지는 않다.

고대의 종교적 제의에서 출발한 축제가 오늘날에는 점차 유희성이 강한 놀이문화의 현장으로 바뀌고 있다. 즉, 오늘날의 축제가 점차 종교성을 상실하면서 유희와 놀이를 중시하는 경향을 드러내고 있다. 물론 놀이를 신성한 행위 혹은 진지한 종교적 행위와 상충되는 개념으로 파악할 수는 없다. 우리들은 오래전부터 '축제'보다는 '놀이'라는 용어를 익숙하게 들어왔다. 여러 사람이 어울려 공동으로 뛰노는 놀이판이야말로 우리의 전통적인 축제였다.

놀이이론의 선구자로 꼽히는 네덜란드 출신의 역사학자 호이징가는 그의 저서 『호모 루덴스(Homo ludens)』에서 "축제와 경박한 행위는 표면적으로는 때로 동일한 것으로 보이지만, 이들은 근본적으로 서로 다른 것이다"고 했다. 그는 "놀이는 일상적 또는 본래의 삶은 아니다"

고 전제한 다음, "놀이는 첫째, 자유로운 행위이며, 둘째, 그 고유한 성격 때문에 일상으로부터 어떤 일시적인 활동의 영역으로 건너뛰는 것, 즉 독자적 성격을 지닌 활동이 허구의 세계로 들어가는 것이고, 셋째, 비록 일상성에서 벗어난 것이지만 결국 일상적인 삶을 위한 것이다"고 보았다.

제의적 축제

조로아스터교	–봄에 계절적 순환을 기념하여 해마다 신년축제를 염. 이를 통해 아흐리만(악과 혼돈의 정령)과 그의 악령들이 패배한 뒤 세계가 원래의 예정된 선으로 되돌아가면서 자연에서 새로운 생명이 탄생하고 천체가 부활하는 것을 기념
이집트	–1년을 12개월 365일로 나누어 한해의 끝 무렵에 5일간의 축제를 염. · 오시리스(사자(死者)의 신)와 아멘라(태양신), 호루스(태양의 신), 하토르(암소로 상징되는 하늘의 여신)에게 바치는 축제 · 수확의 달인 4월에 거행되는 민(Min)에게 바치는 축제
마야족	–신년의 첫 번째 달인 포프(현재의 역법으로는 7월로 추정됨)에 재생을 기원하는 여러 가지 의식과(신전을 새로 꾸미는 등) 함께 축제 거행

대부분의 축제는 국가 공동체가 아닌 지역사회 공동체가 개최하는 축제가 점점 늘어나고 있다.

축제는 원시나 고대사회에서는 종교적 제의(祭儀)가 중심이 되고 유희적 요소가 가미된 형태였다. 과학과 이성이 발달한 근대사회에서는 종교적 신성성은 약화된 반면 유희적 측면이 강화된다. 원시공동체 시대에는 수호신에 대한 제의적 성격이 강했고 농경문화 시대에는 제의적 성격과 공동체 의식을 공유하려는 행사적 성격이 공존했다. 제의적 성격과 유희적 성격이 어우러지면서 축제는 점차 역사성을 띠게 되고 역사성은 거꾸로 축제에 참여하는 지역민들의 공동체의식을 강화하는 상호작용을 하게 된다. 오늘날에는 축제가 종교적인 의미보다는 놀이나 휴식에 중점을 두고 자신들의 공동체 문화전통에 그 기원과 뿌리를 둔 경우가 많다.

점차적으로 근대화가 가속화되고 산업사회가 발달하고 개인주의화가 진행되면서 공동체의식은 점차 사라져 가고 있다. 과거처럼 생산양식이 봉건적이었을 때에는 전통지향과 공동체의식이 강했다. 생산과 분배와 생존은 삶이라는 하나의 영역 안에서 행해졌기 때문이다. 그러나 산업사회에서는 이러한 체제가 사라졌을 뿐만 아니라 고유한 운명공동체를 해체시키고 사람들의 공간 이동을 자유롭게 만들면서 삶의 공동체의식은 파괴되어 버렸다. 그 결과 자연공동체는 사라진 반면 직능 공동체와 상상의 공동체와 같은 새로운·공동체가 출현하였다.

이러한 문화환경 속에서 행해지는 축제는 물신주의의 상업적 측면을 강요했고 축제도 상품으로 인식하려는 경향을 강화시켰으며 축제의 구성이나 진행 자체도 자본과 권력에서 자유롭지 못하게 만들었다. 그렇기 때문에 "농경문화에 적응되어 생성된 축제가 오늘날과 같은 산업사회에서 과연 설득력이 있겠는가" 하는 점은 근대화 이후의 축제가 가지는 본질적인 회의라고 할 수 있을 것이다. 이러한 문화환경 및 축제의 조건 속에서 어떻게 훌륭한 축제를 기획하고 실행하느냐는 간단한 문제가 아니다.

오늘날 축제는 대체로 각 지역이라는 공간적인 제한을 바탕으로 이루어진다. 축제의 원 모습이 시간과 공간적인 제약이 있는 세시의례와 같은 것이라는 관념에서 벗어나 후대에 와서 인위적으로 만든 전국민속예술경연대회와 같은 것도 축제라고 한다면, 그것은 국가적인 축제라고 할 수도 있다. 하지만 민속을 바탕으로 한 축제는 대체로 마을 단위로 행해진다. 그래서 지역축제로 명명한다. 종전에는 축제를 향토축제라고 했다. 그러나 향토축제라는 용어가 고향이라는 낭만적 선입견으로 인해 고장 중심의 이해관계에 빠질 우려가 있으며 자기 고장 중심의 향토문화는 지역 간의 갈등과 지역감정의 부작용을 유발할 가능성도 있어 오늘날에는 지역이라는 가치중립적 용어를 쓰고 있다. 지역축제가 지역성을 근간으로 해야 함은 당연하다. 지역성은 곧 지역의 전통문화로 상징될 수 있기에 다양하게 전승되는 축제문화를 통해서 그 본질을 살필 수 있다. 우리가 고도의 산업화 사회에 살면서도 전통에 입각한 지역축제를 이야기하고, 지역축제의 바람직한 정착과 발전을 논의하는 것도 따지고 보면 지역문화의 활성화가 곧 민족문화의 전통성을 확고하게 정립해 주는 기반이 되기 때문이다.

(2) 축제의 의의

❶ 축제의 성격

축제는 학자들에 따라 종교와 제의의 차원으로 보기도 하고 놀이의 한 형태로 보기도 하지만, 축제의 성격을 파악하기 위해서는 사회의 역동적인 구조적 틀을 이해해야만 그 의미가 가능하며, 특히 지역축제는 지역주민들의 일상적인 생활문화가 중심이 되어 이어져 오는 전통과 개성을 갖춘 제의적 놀이마당의 성격을 띤 문화활동이라고 정의할 수 있다. 이러한 지역축제는 일년 중 어느 특정한 날과 기간을 정하여 직접 참여하고 즐기는 행사이며, 일상적인 삶과 생활 속에서 주민 모두가 주체적으로 참여하고 창조해 가는 지역문화하고 할 수 있다.

축제의 의미 파악은 사회의 역동적인 구조적 틀에서 파악해야만 그 의미가 가능하며 이러한 축제는 역사적 측면에서 전통축제와 현대축제로, 공간적 측면에서는 지역축제와 광역적인 특별축제로 구분할 수 있다.

전통축제는 그 제의기간, 제의지역, 제의 담당계층, 제의목적, 진행방식, 참가자의 성별에 따라 여러 가지 명칭으로 사용되어 왔으며 혼용된 명칭도 상당수 있다.

또한 전통축제는 주로 전통적인 지역축제로서, 개화기 이후 흔히 향토축제로 지칭되어 왔다. 향토예술, 향토예능, 향토 민속놀이 등과는 상통하는 개념이다. 따라서 "축제"는 해당 지역사회를 구성하는 지역주민들의 일상적인 생활문화가 중심이 되어 이어져오는 전통있고 개성있는 제의적 놀이마당의 성격을 띤 문화행위하고 정의할 수 있다. 이러한 축제는 1년 중 어느 때 특정한 날을 선정하여 그 기간 동안 일을 멈추고 놀고 즐기는 것으로 진행되며, 궁극적으로는 해당 지역사람들끼리의 존재를 서로 확인하는 데 있다고 볼 수 있다.

한편 독일의 현대철학자 헤밀튼 쿤(Helmut Kuhn)은 축제의 발생요건을 10개 항목으로 설명하고 있는데 이를 요약하면 다음과 같다.

축제의 발생요건

1	고유한 시간형식을 가진다.
2	고유한 공간, 곧 축제장소 내지 축제공간을 요구한다.
3	핵심은 기분에 있다.
4	동기는 어떤 반복되는 사건이나 일회적인 사건이다.
5	무엇인가 의미 있는 사건이 일어나고 있는 사실은 이미 일상성을 뛰어넘는 고양된 진행이 행해짐을 뜻한다.
6	일방적인 삶의 압박으로부터 자유롭다.
7	놀이와 그것의 직관이 상호 밀접하게 섞여있다.
8	다소간 엄밀히 준수되는 규칙에 따라 계획되고 수행된다.
9	그의 시간적 경과에 있어 삶을 뛰어넘으면서 다시 삶을 정렬하고 동시에 삶 속으로 번져들어간다.
10	축제는 자기 자신을 넘어간다. 축제 속에는 무엇인가 향연이 있고, 자기 정립과 자기 헌신이 있다.

이처럼 축제는 인간을 자유롭게 하는 힘이 있으며 동시에 함께 만들어 가는 힘이 존재하고 있다고 볼 수 있다. 이것은 축제가 갖는 제의성이며, 고양된 삶으로서의 축제를 필요로 하는 이유가 그것이다.

결국 인간은 축제를 통해 자아발견과 인간성을 되찾자는 의지를 표현할 수 있으며, 단순한 상업적인 이해나 관심에 초점을 두는 것이 아니라 인간성 상실에 대한 복원운동으로 또는 자기 확인으로써 매우 중요한 성격을 갖는다고 할 수 있다. 다시 말해 축제는 인간의 내면의 세계를 밖으로 표출하는 기제로서 과거나 현재 그리고 미래에도 지속적으로 개최될 것이며, 사회의 발전과 궤를 같이하며 인간의 생생한 삶의 드라마를 몇 개의 장르로 대표해서 발표하는 학예회 같은 테마로 축약해 볼 수 있다.

❷ 축제의 의의

도시화나 산업화가 이루어진 사회나 지역 공동체인 경우, 공동체의 고유성과 전통성이 존재하지 않을 뿐 아니라 제의로서의 특징을 갖출 사회적 여건이 사라졌기 때문에 농업이라는 사회적 여건을 기반으로 하는 전통축제와 구별되어야 한다. 축제는 각종 문화행사를 통해 지역사회 구성원 등을 하나의 공동체적 삶의 공간으로 묶고 공동체 의식을 강화시켜 주는 기능을 한다. 또한 자라나는 청소년들에게 자기 고장에 대한 자긍심을 심어주고 전통에 대한 이해를 높여 문화적인 단절감을 극복시켜 주는 데에 그 의의를 찾을 수 있다. 현대 사회의 특징이 "우리"라는 통합적 개념보다는 "나"라는 해체적 개념이 강한 사실에 비춰볼 때 "우리"를 회복하고 사회 구성원의 동질성과 아이덴티티(identity)를 확보하려면 문화적 기제(機制, mechanism)로서 지역 공동체를 바탕으로 한 축제의 활용이 최적의 방법이 될 수 있다.

인간은 본질적으로 공상하는 존재로, 항상 꿈을 가지고 살아가고 있다. 과거 물질문명이 미미했을 때부터 고도 물질문명 시대인 현재까지 인간은 항상 신화와 설화를 통해 자신들의 꿈을 표현하고 있다. 이처럼 오락성·종교성·주기성 등이 함축된 동서양의 축제는 시대상황에 따라 그 내용이 변한다. 과거의 축제가 인간이 신에게 봉헌하는 의식을 중시하는 종교성이 강한 축제가 주류였다면, 현대사업 사회에서의 축제는 종교성보다는 오락적 기능이 강화된 축제가 많아졌기 때문이다. 축제는 "인간성 상실과 소외의 사회에서 인간애를 확인하고, 살아 있는 존재로서 자신을 느낄 수 있으며, 일상적인 질서의 중압으로 시들어 버린 잠재의식에 생명감과 활력을 공급해 줄 수 있다.

고대 서양에서도 규칙적인 간격으로 행해지는 축제는 신과의 화해라는 믿음에서 오는 심리적 불안해소 뿐만 아니라, 공동의 정서를 형성하고 유지한다는 의미를 갖고 있으며, 특히 니체(Nietzsche)는 축제가 사람으로 하여금 노래하고 춤추며 보다 높은 공동체의 일원임을 표명하면서 초자연적인 상태로 나아가게 한다고 했다.

현대사회의 인간들은 물질적 풍요에 비해 정신적으로는 인간의 주체성이 결여됨에 따른 소외감으로 인하여 갈등하게 되었다. 인간이 자신의 삶의 주체에서 밀려나 획일화된 사회의 전체를 구성하는 극히 작은 부분이라는 인식을 갖게 되었고, 이런 현실적 어려움을 해소하고 인간 본연의 모습을 갈구하기 위하여 축제와 축제에서 유래한 문화 행사를 더욱 필요로 하게 되었다.

이런 축제를 일상의 생활에서 분리된다는 관점에서 이해하면 시간·공간·활동 등의 영역에서 설명할 수 있다. 인간은 두 종류의 시간에 존재하고 있다. 하나는 거룩한 시간으로 순환, 제의나 축제, 영원 등 인간이 추구하는 것에 의한 시간이고, 또 하나는 세속의 시간으로 그냥 흘러가 버리는 일회성의 시간이다.

인간은 일상적인 존재로서 자신의 생존을 위한 삶과 신과 닮은 초인간적 삶 등 두 세계를 살아간다고 믿고 있다. 이런 믿음은 고대로부터 인간의 육체 및 행위와 자연을 같이 인식하는 개념을 발달시켰는데, 예를 들어 식사는 그 자체가 의례가 된다. 인간이 먹는 음식은 그냥 얻어지거나 인간의 노력에 의해 만들어진 것이 아니라 신의 선물이기 때문에 먹는 행위는 단순하지 않다. 특히 인간의 성(性)적인 부분은 생산과 연결되어 중시되었다.

다시 말하면, 축제는 새로운 순환을 위해서 또 충만한 생명과 강건함을 되찾고 또 원기를 회복할 수 있도록 청춘의 샘처럼 언제나 생생한, 이 영원 속에서 다시 태어남을 이루기 위한 준비의 기간이 된다. 여가를 거쳐 동시에 새로워지고, 그 사회는 다시 새로운 시작을 통한 충만한 생명력을 갖게 된다. 이는 종교적 관점에서 뿐 아니라 경제적인 관점에서도 그 사회의 최고정범을 의미하는데, 이 시기는 부의 순환이 이루어지는 순간이고, 축적된 비축품들을 성대하게 분배하는 시기이며, 집단의 번영을 약속하고 미래를 약속하는 새 생명의 탄생의 시기가 되고, 새로운 구성원들은 입문의식을 치르며, 죽은 자들과 작별하고, 서로 상이한 계급들이 서로 가까워지며 또 우호관계를 맺게 되는 기회를 갖게 되어 다시 속의 영역으로 돌아 갈 때는 완전히 새로운 세계가 열리게 되는 것이다.

터너(V. Turner)는 역치성, 즉 의례중심기에 특징적으로 나타나는 격리성의 개념을 검토하여 의례에서 볼 수 있는 유사한 현상을 리미노이드(liminoid)라 불리운다. 이 기간 동안 집단의 사회구조와 도덕구조는 변화한다. 사회관계의 내용은 더 이상 규범적 · 위계적이거나 소원하지 않으며, 오히려 아주 긴밀하고 평등한 것이 된다. 이런 사태를 커뮤니타스(communitas)라 한다. 자발적일 수도 있고, 규범적일 수도 있으며, 심지어는 이데올로기적일 수도 있는 이 커뮤니타스 상태에서는 서열과 신분의 상징이 제거될 수 있다. 이 때 사람들은 역할 수행자로서가 아니라 개별인간으로서 서로 의사소통을 한다고 느낀다. 이런 관계는 새로운 질서를 위한 가능성을 제공할 수 있다. 즉 축제는 "기존의 일상에서 벗어나 새로운 세계를, 즉 새로운 질서를 이루기 위한 과정"이라고 의미를 부여할 수 있다. 과거 신과의 대화를 통한 방법으로 제의를 시도하게 되었다.

(3) 축제의 기원 및 역사

❶ 기원 및 역사

한국의 전통적인 굿

전통은 관습 가운데서 역사적 배경과 높은 규범적 의의를 지니고 전해 내려오는 것을 의미하며, 문화는 어떤 집단이나 종족의 총체적인 생활양식을 일컫는다. 그러므로 전통문화란 어떤 집단의 역사 속에서 누군가에 의해 형성된 이래 후대에 전해 내려오는 공통적인 생활양식을 가리킨다고 하겠다. 이러한 전통문화의 매력은 변화된다는 데 있으며, 변화되지 않는 문화는 화석문화가 된다. 한국의 전통축제 역시 우리 민족의 역사 속에서 형성된 이래 그 동안 끊임없는 변화의 과정을 겪어 왔다. 그러나 신을 모셔야 하고, 제의의 공간과 더불어 오신(娛神)을 위한 마당이 필요하며, 제를 집행하는 제관과 오신의 마당에서 놀이에 참여하는 관중이 있어야 한다는 축제의 기본 틀은 변치 않았다. 다만 축제의 주체자 · 목적 · 놀이형태 등 축제를 구성하는 내용적 요소만이 변했을 뿐이다.

우리의 고대 축제 역시 시간이 경과하면서 형식과 내용의 면에서 변형의 과정을 겪었다. 형식상 제의적 요소와 놀이적 요소로 양분되던 축제도 시간이 흐를수록 놀이적 요소가 강조되기 때문이다. 즉 성스러운 행위의 의미가 점차로 놀이 속에 스며들고, 제의가 여기에 융합되는 것이다. 따라서 후대로 갈수록 축제는 내용상 놀이가 되므로 축제영역은 곧 놀이영역이라고 할 수 있다. 우선 형식적 측면에서 고대의 제천의례라는 국가적 축제와 민간차원의 축제로 분화되었다. 국가적 축제는 신라시대에 시작된 팔관회로부터 고려조의 연등회, 그리고 고려부터 조선 중기까지 성행한 나례(儺禮) 등을 들 수 있으며, 민간차원의 축제인 마을굿은 지역에 따라 조금씩 다르지만 대개는 도당굿 · 별신굿 · 단오굿 · 동제 등으로 분화되어 전승되었다. 내용면에서도 고대의 제천의례 이외에 단순오락성의 축제가 탄생 · 발전하였다. 예를 들면, 신라 때 처음으로 시작된 공연형 축제인 산대희(山臺戲)가 고려를 거쳐 조선조에 이르기까지 왕실과 관아 중심으로 크게 성행하였으며, 공동체적 축제인 고구려의 동맹도 고려조에 이르러서는 공연예술적 축제로 변화하였다.

조선시대 말기까지 행하여졌던 민간주도의 대동 놀이적 행위는 일제 시대의 말살정책과 함께 전래축제의 원형이 소멸되고 말았다.

일제강점기의 공백과 광복 후 혼란과 문화적 단절 등을 이유로 서양의 축제문화와 우리의 축제가 혼합되었고, 새로운 한국적 축제 형태가 시도되고 있다.

축제는 새해의 시작, 계절의 전환, 절후의 변화, 생명의 탄생과 죽음, 새로운 삶의 출발 등과 밀접한 관련 하에 열린다. 이는 신과 조상들이 세상을 창조하고 건설하던 원점으로 시간을 회귀시키며, 과거에 일어난 성스러운 일을 재현함으로써 근원적인 시간을 기념하고 재현시켰다.

제의는 다수확과 풍요, 행운, 안전, 행복, 치병, 죽은 자의 천도와 위업 계승, 혈통의 보존 등을 위해서 발상되었으며, 이러한 목적을 구체화·실천화시키기 위하여 주술적이고 모의적이며 가장적인 행위가 제의의 방식을 형성시키게 되었다. 제의 행위는 그 자체가 기원의 표상이자 참가자들에게는 오락이며 실제로는 연희와 놀이로 형식화되기에 이르렀다.

이러한 기원들은 옛 고서에서 찾을 수 있다. 우리나라 축제의 기원은 대체로 고대의 제천의례(祭天儀禮)에서부터 시작되었다고 보고 있다. 『삼국지(三國志)』「위지동이전(魏志東夷傳)」에는 "마한에서는 해마다 5월이 되어 씨를 뿌리고 나면 귀신에게 제사를 올린다. 이때는 모든 사람들이 모여서 노래하며 춤추고 술을 마시고 놀았는데 밤낮을 쉬지 않았다. 춤을 출 때는 수십 명이 한꺼번에 일어나서 서로 뒤를 따르면서 땅을 밟고 높이 뛴다. 이 춤추는 모습은 꼭 중국의 탁무(鐸舞)와 비슷하다. 10월에 농사일이 끝나면 또 이렇게 논다"고 하였다. 한국축제는 고대사회의 하늘 제를 원형으로 한다. 봄가을로 계절적 소생과 결실을 하느님에게 감사드리기 위하여 온 나라가 크게 모여서는 하늘 제를 올렸다. 그리고 며칠씩이나 밤낮으로 쉼 없이 먹고 마시고 노래하고 춤추는 음주가무와 신명의 잔치가 베풀어졌던 것이다. 서양의 축제에서 보이는 갈등과 반전이 우리에게는 나타나지 않는다. 음주가무의 축제 판이 일상의 시간을 벗어나서 성스러운 시간을 펼쳐내는 전환의 성격을 드러내지 않는 것은 아니나 그 전환이 방종으로 흐르지 않고 순연히 하나님과 만나 하나 되는 조화(調和)에 있는 것이다.

이들 제천의례라는 축제는 흐드러진 놀이판이자 신성한 종교의 장(場)으로 이때에는 제사

지내고 음주가무로 놀이판을 벌이며 신과의 만남을 통해 그들의 소망을 빌었다. 제천의례는 우리 축제의 문헌상의 시원일 뿐 아니라 우리 축제를 대표하는 축제라고 할 수 있다.

고대의 축제

부여 (영고)	-정월이면 하늘에 제사 지내는 국중대회를 치렀는데 연일 음식을 즐겨먹고 노래하며 춤을 추며 길거리에서는 밤낮으로 가리지 않고 다 노래를 하니 그 소리가 끊이지 않았다.
고구려 (동맹)	-10월이면 하늘에 제사 지내는 국중대회를 열었는데 사람들은 노래와 춤을 즐겼으며 도시·촌락 할 것 없이 저녁이면 남녀가 모여 서로 노래하고 놀았다.
마한 (제천의례)	-해마다 5월이 되어 씨를 뿌리고 나면 제사를 올린다. 밤낮으로 쉬지 않고 춤을 추는데 춤을 출 때는 수십 명이 한꺼번에 일어나서 서로 뒤를 따르면서 땅을 밟고 높이 뛰는데 이 모습은 중국의 탁무와 같다. -10월에 농사일이 끝나면 역시 이렇게 논다.
동예 (무천)	-해마다 10월이면 하늘에 제사지내고 밤낮으로 술 마시고 노래했다.

앞에서 우리 축제의 시원을 문헌상 고대 부족국가의 제천의례로부터 파악해 보았다. 이것은 중국 문헌이지만, 이후 나온 우리 문헌을 통해서도 우리 축제의 모습은 곧잘 나타난다. 우리나라 문헌에는 『삼국유사(三國遺史)』 제2권 「가락국기(駕洛國記)」 「기이(紀異)」 제2의 「구지가(龜旨歌)」와 「희락사모지사(戱樂思慕之事)」, 『삼국사기(三國史記)』 등에 신라 유리왕조에 여자들의 가배일(嘉俳日)놀이 등이 있는데 우리 축제의 원류로 볼 수 있다.

『삼국유사』 「구지가」 "龜何龜何(구하구하) : 거북아 거북아, 首其現也(수기현야) : 머리를 내어라, 若不現也(약불현야) : 내어 놓지 않으면, 燔灼而喫也(번작이끽야) : 구워서 먹으리."

현존하는 최고(最古)의 집단 무요이며 노동요(勞動謠)인 구지가는 임금강림을 기원하는 주술적 노래로서 일명 영신군가(迎神君歌 : 임금을 맞이하는 노래)로 가사의 내용으로도 당시 축제의 분위기를 알 수 있다.

『삼국유사』「희락사모지사」는 "매년 7월 29일에 이 지방 사람들과 이졸(吏卒)들이 승점(乘岾)에 올라가서 장막을 치고 술과 음식을 먹으면서 즐겁게 논다. 이들은 동서로 나뉘어 서로 눈짓하고 건장한 인부들은 좌우로 나뉘어 망산도(望山島)에서 말발굽을 급히 육지로 향해 달리고 뱃머리를 둥둥 띄워 물위에서 서로 밀면서 불쪽 고포(古浦)를 향해 다투어 달린다. 이는 옛날에 유천간(留天干) 신귀간(新鬼干) 등이 수로왕에게 아뢰던 옛 자취다."

해마다 7월 29일에 즐겼다는 주기성은 세시풍속으로 이는 허왕후가 배를 타고 오는 것을 가락국 신하들이 지켜보다 황급히 수로왕에게 아뢰던 자취를 재연한 축제라고 볼 수 있다.[01]

여기서 말달리기는 수로왕 계통의 북방 기마민족의 풍속이며 서기 48년 7월 29일 아침 허황옥이 풍랑을 잠재우기 위해 '파사석탑'을 실은 배를 타고 망산도에 도착했다는 설화처럼 배젓기는 남반지역 사람들이 즐기는 놀이이다.

『삼국사기』 신라 유리왕 조에는 길쌈대회를 마치고 한가윗날 흐드러지게 놀았다는 기록이 있어 한가위에 여자들만의 축제가 벌어졌음을 알 수 있다.

"유리왕 9년 왕은 육부(六部)를 정한 후에 이를 두 패로 가르고 왕녀 두 사람으로 하여금 가가 부내의 여자들을 거느리게 하여 붕당을 만들고 7월 16일부터 날마다 일찍이 길쌈을 했는데 밤늦게 일을 파하고 8월 15일 이르러 그 공의 다소를 살펴 진편에서는 이긴 편에게 사례하고 노래와 춤과 온갖 놀이를 하였는데 이를 가위(嘉俳)라 하였다. 이 때 진편에서는 한 여

01 인도 아유타국 공주 허황옥(許黃玉)으로 16세 때 잉신(媵臣) 20여 명과 함께 가락국에 시집왔다고 전해진다. 문헌사적으로 우리나라 최초의 국제결혼이다.

자가 일어나서 춤을 추면서 탄식하기를 '회소 회소' 하였는데 그 소리가 구슬프면서 아름다워 뒷사람들이 노래를 지어 '회소곡'이라고 이름하였다."

신라시대는 풍요의 상징이며 생산의 주체인 여성들이 노래와 춤으로써 축제를 벌였다.

그 후 삼국시대에 이르면 축제는 불교와 맞물려 불교 행사가 명절 행사로 보편화되고 그것이 축제였음을 추측하게 한다. 이는 고려 사회와 연결되고 불교가 국교였던 고려에는 팔관회 연등회와 같은 불교 행사가 베풀어졌다. 고려가 멸망한 후 조선에서는 유교를 이념화한 향촌사회의 민중적 축제가 벌어졌으며 이는 오늘날까지 그 명맥을 유지하고 있다.

우리 축제의 흔적은 이밖에도 여러 문헌에 나타나는데 대부분이 제액초복(除厄招福)과 건강하고 풍요롭게 살고자 하는데 궁극적인 목적을 두고 있으며 농경 국가에 적합하게 풍농을 기원하는 성격이 짙었다. 그러던 중 우리나라는 일제 강점기를 맞게 되었고 이 시기는 말 그대로 비단 축제뿐 만 아니라 우리 문화의 암흑기로 민속문화축제를 비롯한 여러 세시풍속들이 일제의 민족 말살 정책의 일환으로 강제로 중단되기에 이르렀다. 현재 우리나라가 일본보다 긴 농경의 역사를 가졌음에도 불구하고 일본 '마쓰리'에 비해 축제가 성행하지 못한 까닭을 이 시기로부터 찾는 학자가 많은 것은 바로 이 때문이다.

그 후 우리나라도 도시화의 길을 걷게 되면서 지역 중심의 문화가 생겨나고 축제가 어느 한 도시와 지역에 국한될 수밖에 없는 상황이 되었다. 때문에 오늘날의 축제는 대체로 각 지역이라는 공간적인 제한을 바탕으로 이루어진다.

축제의 기록

명칭	내용
삼국유사 (-권5 감통 편)	탑돌이라는 불교가 명절행사로서 민간에게도 보편화했을 것이라는 추측
고려사	원단·상원·한식·상사·단오·중고·동지·팔관·추석이 고려의 9대 속 절로 기록

사회가 문명화되면서 축제 역시 문명화의 단계를 거치게 되었다. 문명화란 공동체 의식의 해체, 의식의 세속화, 인간의 이성적·합리적 사고가 증대되는 과정을 말한다. 이와 같은 과정을 거치면서 축제 역시 그 근원적 의미, 말하자면 제의성이든가 종교성은 약화되고, 세속화에 따라 인간 본위의 이성적·합리적 사고에 따라 오락성이 가중되었다. 이러한 관점에서 볼 때 오늘날의 축제는 그 본래적 의미가 약화되었다. 그러한 과정에서는 축제의 기능도 새로운 양상을 띠게 된다. 이렇게 과거적 기능보다는 오늘날의 시대에 걸맞은 기능이 강조되었다 하더라도 축제의 본래적인 의미를 간과할 수만은 없다. 축제는 그 민족을 대변하면서 인간의 문제에 근접해 있기 때문이다. 이에 축제의 본래적인 의미야말로 인간의 생존과 직결된 것이다.

(4) 축제의 분류

놀이문화의 핵이요 총화인 축제는 몇 가지 측면에서 분류될 수 있다.

축제의 유형에 의한 분류

분류	내용
시기	매년 혹은 몇 해를 일정한 주기로 하여 이루어지는 축제. (세시놀이, 연중행사, 별신제 등)
지역	축제가 전승되는 일정한 지역을 대상으로 하여 그 독립성을 위주로 함. (강릉단오제, 은산별신제, 하회별신굿놀이 등)
담당계	축제에 참가하는 주민들의 성향을 따름. (농민 · 어민 · 도시민 · 귀족 등)
목적	풍농 · 풍어 · 사령천도 · 조상숭배 · 흥행 · 즐거움 등 여러 가지 목적에 따름. (치병굿 · 진오귀굿 · 풍농굿 · 풍어제 등)
제의형식	무가 중심이 되고 농악대가 부수되는 것, 농악대가 중심이 되고 무가 부수되는 것, 제주가 중심이 되고 농악대가 부수되는 것, 절충식 등 여러 가지 형식이 있음. (부락굿 · 부락제 · 지신밟기 등)
성(性)	남성과 여성에 따라 각기 특징적인 축제로 분화되기도 하였음. (강강술래 · 돌팔매싸움 · 해녀놀이 등)
연행양식	종교의례적인 것, 민속놀이적인 것, 공연적인 것, 절충령 등 여러 가지 양식이 혼재하고 있음. (한장군놀이, 밀양백중놀이, 소놀이굿)

축제의 분류는 다양하게 나누어지는데 이를 표로 보면 다음과 같다.

축제의 내용에 의한 분류

분류	내용
개최목적에 따른 분류	· 주민화합 : 주로 해당지역에서 전통적으로 개최되어온 전통문화축제를 비롯하여 최근에 많이 개최 되기 시작한 구민의 날이나 시·군민의 날 등이 그 예이다.
	· 관광축제 : 관광산업의 발전과 관광객 유치를 통한 지역 경제 육성을 목적으로 하는 축제.
	· 산업축제 : 관광축제를 제외한 다른 산업 분야, 즉 농림, 축산업, 어업, 상업 등의 발전을 목적으로 하는 축제.
	· 특수목적축제 : 환경보호 또는 역사적 인물이나 사실을 추모하거나 재현하기 위한 축제.
행사내용 및 구성에 따른 분류	· 전통문화축제 : 지역의 전승설화나 풍습에 유래한 축제.
	· 예술축제 : 현대적 전시예술 및 공연 예술위주의 축제.
	· 종합축제 : 전통문화축제형식, 예술축제형식, 체육행사 및 오락 프로그램이 혼자되어 나타나는 축제.
	· 기타축제 : 위에서 분류한 축제 외에 체육행사를 비롯한 오락 프로그램 위주의 축제.
주제형태에 따른 분류	· 농업특산물, 전통공예 특산물, 기후, 지형적 특성, 꽃, 음식, 음료 등.
축제의 지향성에 따른 분류	· 내향형 축제 : 지역주민의 지역귀속감과 공동체 의식을 강화하는 목적을 가지고 전통 문화적인 요소를 중심으로 한 축제.
	· 외향적 축제 : 지역경제의 파급효과를 목적으로 관광객 유치를 하기 위한 벚꽃 축제, 섬 문화축제, 경주 엑스포 등의 축제.

(5) 축제의 본질적 성격

축제는 의례나 단순한 놀이와는 다른 다양한 특성을 나타내고 있다. 축제가 갖는 본질적인 성격은 다음의 세 가지로 지적될 수 있다.

축제의 본질적 성격

고의적 과잉성	제축적 행위가 환락을 추구하는 행위로 표현된다는 것이다.
축의적 긍정성	제축은 언제나 기본적으로 '생을 긍정한다'는 자세를 필요로 한다.
대극성	과잉 요소과 관련되어 있는데, 이는 제축이 반드시 하나의 뚜렷한 대조성을 보여주는 것이 되어야 한다는 것이다.

❶ 고의적 과잉성

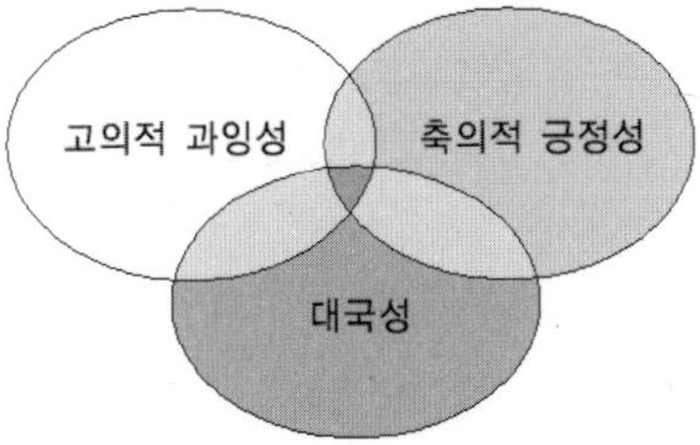

일상생활의 궤도에서 벗어나 지나친 행동을 하게 된다. 전통적 도덕률이나 금기에서 잠시 동안 벗어나는 행동도 허용된다. 사회적 제약요소인 신분이나 사회계층 및 빈부의 차이도 이 기간동안에는 크게 의의를 갖지 못해서 완전히 인간적인 교류가 가능해진다.

❷ 축의적 긍정성

삶을 긍정하는 자세를 보인다. 자신이 바라는 바가 모두 성취될 것이라고 믿는다. 이는 모든 종교가 근본적으로 긍정적이라는 것과 축제가 근본적으로 종교적인 활동으로 소원성취를 빌고자 신에게 바치는 것이라는 점에서 이해가 가능하다.

❸ 대국성

축제는 일상생활에서 벗어나는 여러 활동과 함께 일상의 틀을 유지한다. 금기가 해제되고 종교적 활동을 전개함으로써 일상적이고 사회적인 제약에서 해방되지만 삶의 기본질서를 위협하는 행위는 허용되지 않는다. 공동체의 다른 구성원에 대한 인간적인 배려를 전제로 한 한계의 일탈이라고 할 수 있다.

3. 한국의 지역축제

김홍도의 그림

(1) 개념

한국의 지역축제는 공동체 의식, 지역중심의 마을 공동체 의식을 중심으로 전개된다. 논농사를 주로 하는 우리의 마을은 짧은 기간 동안에 집중적인 노동이 필요하고, 그를 위해 마을사람들 전체의 협력이 절대적인 요소가 되었다. 두레 등으로 대표되는 이런 공동의 생산을 기초로 하여 신앙과 의례 · 놀이 · 가무 등을 공동으로 행함으로써 그들의 사상과 예술 등 총체적인 문화활동이 이루어졌다. 특히 모든 축제의 끝을 장식하는 난장은 남아있는 갈등의 잔재까지 완전히 없애주는 어우름의 자리를 만들고, 이후 공동체로서 새로운 마을의 질서를 얻게 되었다.

우리나라의 축제는 수년 · 매년 · 수개월 · 수일 등 일정한 주기를 두고 행하는 것이 대부분이다. 일정한 시간적 간격을 둔다는 것은 한번 마련된 축제가 수명을 갖는다는 것을 의미할 수 있으며, 소진된 생명력을 회복하기 위하여 주기적인 축제를 행하게 된다. 또한 각 지역별로 특성을 유지하며 자생적으로 전승되는 특징이 있다. 마을사람들은 사회적 유대와 일체감을 다지고 상부상조하여 축제를 준비한다. 경제적 부조를 하는 자와 노동력을 부조하는 자는 그 크기에 관계없이 자신의 최선을 다한다. 또 축제기간 동안에 필요한 노동이나 금전적 필요도 같다. 이런 공동부조를 통하여 마을 구성원의 문제를 공동으로 풀어 가고, 경제적으로 불균등한 관계에 있는 사람들끼리 많이 가진 자가 적게 가진 자에게 베푸는 기회를 마련하는 부의 재분배라는 경제적 기능을 한다.

과거 전통축제의 특성은 공동체 민속에서 보이는 대립적 구조와 유기적 상관성이라고 할 수 있다. 전통축제의 특성과 그 전통문화들이 공동체적 안정과 번영 속에서 개인적인 삶을 보장하고 있으며, 개인적으로 누리는 삶의 보람과 기쁨이 통합되어 마을사회 전체의 공동체적 삶을 바람직하게 빚어내는 것이다. 만일 의례만 존재하고 놀이가 없다면, 축제는 모든 마을사람들이 함께 참여하는 만남의 장소가 되지 못하고 종교적 행사에 그칠 것이고, 놀이만 강조되고 의례적인 활동이 없다면 무질서한 혼돈의 장이 될 것이다. 따라서 각각의 활동들은 서로 대립관계에 있는 듯하면서도 실은 서로의 의미를 더욱 강화하는 상호보완적인 구실을 하고 있다고 본다.

전통축제의 기마전

결국 한국의 전통축제는 인간적인 모습을 중시하여 의례나 금기를 철저히 지키면서 공동의 목적을 추구하고, 공동체 구성원이 모두 함께 즐기고 참여할 수 있도록 삶 속에 섞여 있는 살아 있는 축제이다.

(2) 한국의 지역축제

❶ 천안 흥타령 축제

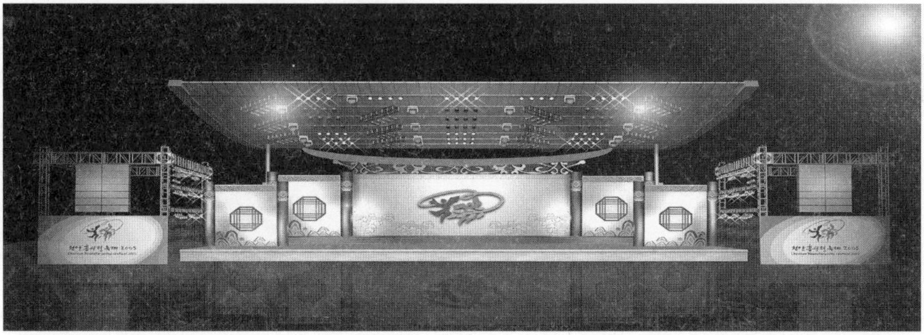

천안 흥타령 축제 2005

과거 시행해 오던 천편일률적인 연예인 공연과 연례 의식 행사 없이 순수한 시민의 참여로만 이루어지는 독특한 축제이며, 춤을 주제로 하여 경연의 형태를 취하고 있는 유형이다. 총 출연진 2,500여 명, 진행스텝 160여 명이 연출해내는 새로운 시도의 축제유형이다. 2003년 성무용 천안시장의 적극적인 관심과 임경환 문화관광담당관, 김수열 계장, 안동순 차석의 아이디어와 희생, 시민참여 기획단의 노력으로 2005년 3회째를 맞이하고 있다.

❷ 안동 국제탈춤페스티벌

안동 국제탈춤페스티벌은 다양하며 예술성 있는 우리 탈춤의 전통을 보존 및 전수, 개발함으로써 문화시민의 자긍심 고취하고 국민에게 양질의 문화행사 제공한다. 그리고 국내외 탈춤의 상호교류를 통해 안동을 한·중·일 베세토라인(beseto-line)을 잇는 탈춤메카로 조성하여, 아시아적 대표이미지의 세계축제를 지향한다.

안동 국제탈춤페스티벌 탈춤공연

❸ 강진 청자문화제

고려시대 500년 동안 청자문화를 꽃피웠던 청자의 발상지에서 우리의 훌륭한 문화유산인 청자를 축제로 승화시켜 강진의 이미지 제고는 물론 지역관광 산업과 지역경제 활성화에 기여코자 96년부터 개최해온 강진청자문화제는 5년 연속 국가지정 집중육성축제로 선정되었으며 고려청자의 우수성과 독창성 및 관광상품화 가능성과 차별화 된 프로그램운영을 통해 세계화

2005 안동 국제탈춤페스티벌 홍보 마스코트 "할미"

의 가능성을 보여 주었다는 점을 높이 평가받아 2002년부터 3년 연속 국가지정 최우수 문화 관광 축제로 선정되었다.

강진 청자문화제의 홍보 마스코트
"청낭자와 청도령"

2005 강진 청자문화제의 홍보 포스터

❹ 김제 지평선축제

문명이 시작된 이래 우리 민족문화는 농경문화라는 큰 줄기를 바탕으로 부단한 발전을 거듭해 왔다. 선사 시대를 거쳐 근대화의 시간까지 찬란한 황금빛을 구가하였지만, 현대화의 바람을 타고 소외당한 채 그 찬란함에 그늘이 드리우는 안타까운 상황에 이르렀다. 이에, 우리는 우리문화유산의 우수성과 자연환경의 소중함이 새롭게 대두되고 있는 오늘 우리 문화의 근간이 되는 농경문화의 중심지인 김제에서 묵묵히 아끼며 지켜온 황금 들녘의 천혜자연환경과 그 자연의 산물인 쌀을 더욱 알리고자, 문화유산과 자연환경, 그리고 주체인 사람들이 한데 어우러지는 상생과 조화의 시간을 거쳐 황금빛 물결이 넘실대는 만남을 통해 서로 어울림의 장이 펼쳐지고 유구한 세월을 이어온 우리네 농경문화와 김제의 의미를 몸으로 느끼며 이해하고, 그 대지위에 한국을 대표하는 세계 농경문화의 중심지로 가고자 하는 웅비의 기상을 드높이는 축제의 한마당을 펼친다.

2004 김제 지평선축제의 홍보 포스터

김제 지평선축제

❺ 진주 남강유등 축제

진주 남강유등축제장의 전경

진주 남강유등축제의 소망등

진주남강 유등축제는 1592년 10월 진주성 전투 시 성밖의 지원군과 군사 신호로 풍등을 하늘에 올리고 횃불과 함께 남강에 등불을 띄운 데서 비롯되었으며, 또한 가족에게 안부를 전하기 위한 통신 수단으로 사용된 것을 유래로 하여 지금까지 내려오고 있다. 1593년 6월 논개를 비롯하여 순절한 7만 민·관·군의 얼과 넋을 기리는 행사로 매년 개최되어 오고 있으며, 2004년 문화관광부가 지정하는 전국문화관광축제로 지정되어 세계적인 축제로 발전시킨다.

❻ 금산 인삼축제

우리나라에서 인삼축제를 개최한 것은 일제 시 인삼재배지로 유명하였던 개성시에서 서부공원에 인삼신사를 건립하고 매년 10월 상달 길일을 택하여 삼업계 원로가 제주가 되어 제사를 올리고 제등시가행렬과 밤중의 폭죽행사 등 거시적인 인삼제전을 거행한 바 있었다. 그리고 이곳 금산지방에서도 개성과 같은 공개적인 행사는 아니지만 인삼경작인 개인별로 삼장제라 하여 인삼포를 완성하여 인삼의 새싹이 돋아 오를 때면 인삼을 이 고장에 재배토록 하여준 산신령에게 감사드리고 인삼밭의 피해를 막아 인삼농사가 풍성하게 되기를 기원하는 제사가 옛날부터 전해져 내려왔다. 따라서 금산군에서는 이와 같은 삼장제를 현대적인 조화로 전승 군민 축제로 발전시킨다.

금산 인삼축제 거리퍼레이드

❼ 춘천 마임축제

춘천 마임축제의 마임교실

춘천 마임축제의 마임공연

순수 공연과 축제(난장)가 어우러진 문화예술 축제로 각국에서 초청된 마임팀의 다양한 공연과 주말에 고슴도치섬(위도)에서 펼쳐지는 도깨비난장 등을 즐길 수 있다. 특히 10만평의 푸른 잔디가 깔린 축제 무대에서 시민과 관광객 모두가 주인공이 되어 함께 즐기는 도깨비난장은 춘천 마임축제만의 특징이다.

⑧ 충주 세계무술축제

"5,000년의 민족혼과 세계무술의 만남"이라는 주제로 열리는 충주세계무술축제는 흥겨운 길놀이 행사를 시작으로 화려한 개막식과 국내 20여 개 무술단체와 전 세계 5대양 6대주 35개국의 전통무술시연을 비롯하여 무기전시관, 무술영화제, 향토가요제 등의 각종 문화행사와 관람객이 직접 체험할 수 있는 다채로운 체험코너, 이종격투기 등 다양한 부대행사가 마련되어 있어 세계 각국의 무술과 문화를 접 할 수 있는 축제이다.

⑨ 양양 송이축제

양양 송이축제의 홍보마스코트 "송이돌이"

양양 송이축제 축하공연

고가의 송이를 일반인들에게 직접 맛보며, 남대천 설악산의 삼림욕을 즐기며 엄격하게 관리되고 있는 자연산 송이의 생태를 직접 관찰하고 채취할 수 있는 체험형 축제로서 사전 예약을 통해 누구나 체험할 수 있다.

⑩ 강경 젓갈축제

젓갈만들기 체험

강경 젓갈축제의 축하공연

젓갈을 통한 다양한 문화적 체험과 정신적 건강을 추구할 뿐만 아니라 지역경제 활성화에 기여하는 지역 경제축제이다.

⑪ 함평 나비대축제

함평 나비대축제는 함평천지 대자연 속에서 천만평의 유채꽃, 자운영 꽃물결 사이로 나는 수십만 마리의 나비와 함께 개최되고 있다.

함평나비축제

함평나비대축제의 생태관

⑫ Hi Seoul 페스티벌

600년의 역사를 가진 서울의 역사성과 전통성위에 역동성과 응집력을 표현, 시민 모두가 함께 참여하고 즐길 수 있는 서울시민들의 거리문화축제이다.

다양한 문화예술공연과 함께 즐거움이 펼쳐지는 신명나는 서울의 대표적인 축제이다.

Hi Seoul 페스티벌 영상쇼

Hi Seoul 페스티벌 축하공연

(3) 국내 지역축제 현황

2005년 한국의 지역축제 현황

시 · 도	축 제 수	시·도	축 제 수
서울특별시	22	강원도	74
부산광역시	59	충청북도	56
대구광역시	14	충청남도	43
인천광역시	25	전라북도	25
광주광역시	9	전라남도	54
대전광역시	8	경상북도	59
울산광역시	15	경상남도	77
경 기 도	93	제 주 도	42
계	675		

지역의 대표적인 축제

지역명	축제명	개최 시기(기간)	축제 주요 내용
서울 특별시	강동선사 문화축제	10.8~10.10(3일간)	· 체험! 원시생활, 전통혼례 재현 등
	정동 문화축제	10월(5일)	· 거리축제, 문화 예술 공연 및 전통과 현대가 어우러진 각종 체험마당 등
	명동축제	4월, 9월(20일)	· 전통 문화 예술 공연
	동대문 패션페스티벌	9~10월(3일)	· 거리퍼레이드, 패션쇼 · 전통 문화 예술 공연,
	금천열린 문화축제	10.12~11.12 (1개월)	· 가을밤야외음악회, 연극·영화, 각종 전시회 등
부산 광역시	부산국제 락 페스티발	8.6~8(3일) (2004년도 경우)	· 국내·외 락 그룹 무료 라이브 공연,락 페스티발 · 아마추어 경연대회 팬 싸인회, 시그니쳐 프린팅 제막식, 공로상 시상식
	부산국제영화제	10.7~10.15(9일)	· 영화상영, PPP, 관객과 대화, 핸드 프린팅 등
	부산비엔날레	5.22~10.31 (2004년도 경우)	· 현대미술전, 바다 미술제, 부산조각프로젝트
대구 광역시	대구문화 예술축전	8월중(20일)	· 세계대학합창제 등 대학생 중심의 문화축전 · 경상감사도임 전통재현 및 풍물놀이 등
	대구섬유·패션축제	2월 및 9월(10일)	· 대구컬렉션 · 세계 패션 디자인 콘테스트 · 전통의상쇼, 쉬메릭 패션쇼
	대구 약령시 축제	5.1~5.5(5일)	· 한약재 썰기 경연대회 · 청년 허준 선발대회 · 한방무료진료, 체질 감별 · 한약 달이기 시연회

지역명	축제명	개최 시기(기간)	축제 주요 내용
인천 광역시	인천 해양축제	5월 말(3일)	· 바다음악회, 영화음악콘서트, · 인천바다 나들이 등
	강화 고인돌축제	10월(3일)	· 성돌이 행사, 고인돌축제, 철종 등극 행렬 등
광주 광역시	광주 비엔날레	9.10~11.13(65일) (2004년도 경우)	· 국제현대미술전, 축제 전시, 해외 문화주간 등
대전 광역시	한밭 문화제	10월 중(3일)	· 함께 즐기는 마당 · 선비체험 마당 · 열린문화 마당
울산 광역시	처용문화제	10월(3일)	· 처용맞이, 국제민속춤페스티벌 · 거리퍼레이드(헌강왕 행렬 등) · 가면 락 페스티벌
성남시	모란 민속 5일장축제	4월~11월(장날 4회)	· 길놀이 개회식 · 다양한 전통 민속예술공연 · 추억의 가요무대 · 현대적 감각 예술 공연
안양시	안양문화 예술제	5월중(20일 예정)	· 종합문화예술제 · 미술, 음악, 무용, 연극 등 다채로운 문화예술행사
강릉시	강릉 단오제	6.20~6.27 (8일간)	· 지정문화재행사, 단오, 민속행사, 지역문화재공개, 중요무형문화재 국내 민속단 초청공연, 민속경축행사
춘천시	춘천마임축제	5월 중(4일간)	· 게릴라공연, 도깨비난장. 도깨비열차, 벼룩시장
	춘천국제연극제	8월(6일간)	· 공식초청공연 · 국제친교행사
청주시	청주국제공예 비엔날레	10월 중(20일간)	· 국제초대작가전, 생활 공예 명품전, 국제 공예 상품산업교류전, 전국 공예품대전, 중요무형문화재보유자 작품전,, 국제 학술심포지엄

지역명	축제명	개최 시기(기간)	축제 주요 내용
충주시	충주세계무술축제	10.1~10.7(7일)	· 무술시연, 무술체험 무술겨루기, 전국 택견 대회, 전시회
천안시	천안 흥타령축제	10월 초(3일)	· 춤 경연대회, 민속공연, 거리퍼레이드,전통 연희극 등 · 국제화 추진
아산시	아산 성웅 이순신 축제	4.24~28(5일간)	· 무과전시의, 전술비연전시, 날리기, 거북선해전놀이, 이순신 퍼포먼스 · 조선시대 군장체험
보령시	보령머드축제	7.16~22(7일간)	· 대형 머드 탕, 머드슬라이딩, 머드 왕 선발대회, 머드피부미용 경진대회, 머드홍보관
전주시	전주 세계소리축제	9.25~10.3(9일간) (2004년도 경우)	· 판소리중심 "소리"와 "음악" 축제-3개 분야 10개 테마 30개 프로그램
김제시	김제지평선축제	10월초(4일간)	· 농경문화체험행사, 벽골 제사, 쌍용 놀이, 입석 줄다리기, 농경문화특별전시관, 관광객 농경문화 체험행사 등
무주군	무주 반딧불축제	8.20~8.28(9일간)	· 반딧불이 신비탐사 외 70여 종목 · 학술행사, 환경행사, 민속행사, 문화예술행사, 체험(참여)행사, 상설행사 등
순천시	남도음식 문화큰잔치	10월중(5일간)	· 남도음식전시, 판매, 시연, 경연대회, 대학생 풍물놀이 한마당, 시민노래자랑 관광객 장기자랑 등
함평군	함평나비대축제	5.1~9(9일간) (2004년도 경우)	· 나비관, 수련전시관, 천연염색, 창포물머리감기 등 · 전통가축몰이, 미꾸라지 잡기, 보리 · 완두 그스름 체험 장 등 · 전통짚공예체험, 나비도예 체험, 생활유물전시 등
경주시	경주 한국의 술과 떡 잔치	3.27~4.1(6일간)	· 전시행사, 공연행사, 참여행사, 특별행사, 판매행사

지역명	축제명	개최 시기(기간)	축제 주요 내용
안동시	안동국제 탈춤페스티벌	10.1~10.10	· 탈춤마당(8개국 참가) · 하회선유줄불놀이, 탈춤 · 탈공모전, 탈춤그리기대회 · 탈춤배우기, 탈 만들기 · 창작 탈 전시, 그리기, 탈 깃발 전
청도군	청도소싸움축제	3.6~8(3일)	· 전야제 행사 : 불꽃축제, 문화공연(음악회) · 국제 소싸움 라이벌전, 싸움소 빅게임 · 화려하고 웅장한 개장 기념 쇼 · 우권법 시행 축하연, 농경문화 체험 장 등
진주시	제5회 진주남강 유등축제	10.1~10.10(10일간)	· 세계 등 전시, 한국의 전통 등 전시, 창작 등 전시, 유등 띄우기, 소망-등 달기 창작 등 만들기, 각종부대행사 등
제주시	제주국제관악제	8.12~20	· 아·태지역 최대의 관악 축제 · 순회연주회, 공개강좌

4. 외국의 지역축제

(1) 외국축제의 개념

유럽의 경우도 세계 1, 2차 대전을 겪으며 축제가 조금씩 주춤하기는 했지만, 독일의 쾰른 카니발처럼 전쟁 중에도 꾸준히 개최되는 생명력을 가진 역사적 전통을 가지고 있다. 게다가 오늘날 많은 축제들은 사회적 영향을 받아 새롭게 고안되고 변형되는데, 이러한 과정에서 축제는 점점 더 지방주의적 성격을 띠는 민속화 된 모습을 나타내고 있다. 여기에는 비종교적인 제의성과 예술·놀이적인 요소를 함께 가지고 있는 지역축제가 예술, 문화, 그리고 놀이적인 의미가 가미된 제의의 한 형태로 발전되기도 한다.

축제에 대한 개념은 다음과 같은 세 가지 관점에서 파악될 수 있다. 첫째는 종교적·민속적 축제이며, 둘째는 지역적·문화적 축제이고, 셋째는 전래적·여가적 축제이다.

유럽의 카니발

❶ 종교적·민속적 축제

외국의 지역축제는 성과 속의 구분이라는 의미에서 의례적인 사건 또는 집단적인 상징으로 발전되었다.

세속화와 도시화·산업화 속에 살고 있는 현대인에게 있어서 순수한 의미의 종교성은 이제 더 이상 실질적인 영향을 미치지 않게 되었다. 그러나 이러한 종교적 신성성이 가지는 상징적 의미가 그 모든 가치를 상실한 것은 아니다. 대신 축제 속에서 이러한 종교적 신성성은 실제적 공감대

보다는 축제는 정당성을 보장해 주는 구체적인 명목으로서 다시 중요하게 등장하고 있다.

카니발이라는 시간은 본래 일상생활의 흐름을 단절하고 평소에 금기시되었던 것이 일시적으로 용인되는 시기이다. 전통적 의미의 카니발은 기존의 기독교적 권위에 저항할 수 있는 의례적인 통로로서의 기능과 동시에 일반 민중들은 카니발을 통해서 억압된 욕구를 발산하고 다시 규범적인 엄격한 사회 속에서 자신의 삶을 이어갔다.

현재는 이러한 사육제적 카니발은 거의 남아있지 않고, 단지 변형된 형태로 마을 축제나 어린이 축제형식으로 진행되고 있다. 현재 전 세계적으로 잘 알려져 있는 것으로는 리오카니발과 베니스카니발이 있다.

리오카니발이 벌어지는 브라질은 남반구에 속하기 때문에 절기상 여름에 속해 난장적 요소를 축제 삽입하기가 용이하다. 리오카니발의 유해는 고대 로마와 그리스의 이교도들의 의식에서 시작된 것으로 알려져 있고, 브라질에는 19세기에 도입된 것으로 알려져 있다. 모든 기독교적 억압에서 해방되는 자유로움을 만끽한다는 것이 지나쳐서 엄청난 규모의 춤판, 퍼레이드, 노출, 음주, 폭력 때로는 사람이 목숨을 잃는 사태까지 벌어진다. 리오카니발에서 유명한 삼바춤 퍼레이드가 현재와 같은 형태로 공정된 것은 80년대 초반이다. 삼바학교라고 불리는 삼바춤 결사제가 있어서 춤과 의상에 나름대로의 특색을 겸비하고 정기적으로 모여서 축제행렬을 준비한다.

또 다른 예로 이탈리아의 베니스 카니발은 현재 종교적 의미를 거의 상실한 채로 일종의 문화관광축제로 성격이 완전히 변형되어 존재하지만 축제가 벌어지는 시기만은 사육제 시기로 고정되어 있다. 베니스 카니발은 종교성보다는 베니스시의 정치·경제적 발전상황과 더 밀접한 관련을 가진 것으로 전해지고 있다. 12~13세기 당시 베니스는 당시 대단히 융성했으며, 이러한 상황은 특히 16세기 터키와의 전쟁에서 대승을 거두면서 절정에 달했다. 그 이후로 베니스는 '카니발의 도시'로 불리면서 매년 카니발이 벌어졌다. 이때는 축제뿐만 아니라 수많은 연극이 동시에 행해졌으며, 1776년에는 법령에 의해 여성들이 연극을 보러갈 때는 반드시 가면을 쓰고 망토를 입어야 했다. 이것이 현재 연희되고 있는 베니스 가면 축제의 기원이 된다. 공화정이 무너지는 등의 정치적 격변 속에서 가면 카니발이 금지되었다가 그것이 다시 살아나게 된 것은 지금부터 겨우 20여년 밖에 되지 않았다.

❷ 지역적 · 문화적 축제

뮌헨의 맥주축제

외국의 축제는 지역성과 문화적 정체성을 표현한다. 정치 · 경제적으로 안정적인 상황에 들어가 있거나 아니면 반대로 지극히 불안한 상황에서, 한 집단의 정체성을 표현하고 공동 구성원을 결집시키는데 가장 효율적인 기제로서 문화적인 요소가 전면으로 부각되게 되었다.

축제를 연희하는 주체들이 속한 집단들이 점차 소규모화 되어가는 추세에 따라 국가단위보다는 지역단위로 축제가 연희되는 경향이 증가하고 있으며, 이와 동시에 지역 공동체의 정체성을 강조하고자 하는 경향이 강하게 나타난다.

이와 관련된 대표적인 축제로는 프랑스 남부 프로방스 지역에서 행해지는 '성인 엘로아축제'와 '마드렌느 축제'가 있다. 성인 엘로아 축제는 말과 귀금속의 성인이었던 엘로아 성인을 중심으로 프랑스의 가톨릭과 과거의 거대 밀 경작 지주, 정치적 우파, 보수주의자들을 상징하는 축제로 변화되었다. 말과 귀금속의 성인이었던 엘로아 성인을 중심으로 행해지던 축제이기 때문에 수레와 말 50여 마리를 달아서 행렬시키는 축제이다. 현재도 가톨릭이라는 종교가 강조되고 축제 시작되기 전의 종교적 미사를 지역 방언으로 올리고, 축제 연희 중에 성당의 사제로부터 축성을 받는 등 종교성을 비교적 강하게 유지하고 있으면서도 오락성까지 가미되어 그 규모는 매년 더 커져가고 있다.

이와는 대조적인 성격을 가지지만 같은 지역에서 행해지는 축제로서 마드렌느 축제가 있다. 이 축제는 프랑스 공화정과 사회주의, 공산주의, 정치적 좌파를 상징하며, 야채과일 소작농들을 중심으로 벌어지던 축제였다. 수레와 말의 행렬은 성인 엘로아 축제와 동일하지만 말 안장과 수레의 장식방법은 완전히 다르며, 이 장식들을 통해 각각 축제가 가진 특징들이 상징적으로 표현된다.

이 축제가 근래에 오면 올수록 외형적으로 보다 더 화려해지고 관광적인 요소가 포함되게 되었지만, 여전히 지역 주민들의 적극적인 참여와 전통을 준수하고자 하는 의지 속에서 매년 성대하게 거행되고 있다.

이들은 경제적이거나 실질적인 이득과는 전혀 관계가 없는 이 축제의 준비와 연행에 적극적으로 참여하기 위해서 휴가를 내고 뜨거운 여름 날 축제 준비기금을 추렴하기 위해서 마을의 구석구석을 돌아다니기를 마다하지 않는다. 매년 같은 과정을 반복하면서도 매번 그 축제를 기다리며 한해의 축제가 끝나면 마을 주민들의 연대감과 문화적 정체성 그리고 자부심으로 일상적인 삶을 새롭게 충전한다.

비교적 역사적 유래가 오래된 독일 뮌헨의 '맥주축제(Oktoberfest)'는 지역적 특성을 잘 보여주면서도 관광효과 또한 뛰어난 축제이다. 1810년 바이에른 왕국에서는 루드비히 황태자와 테레제 공주의 성대한 결혼식이 있어서 이를 축하하는 경마대회로부터 이 축제가 유래하게 되었다. 전쟁과 전염병 등으로 간헐적으로 중단된 것만은 제외하고는 1949년부터는 다시 본격적으로 시작되어서 지금까지 이르게 되었다. 만 명도 충분히 들어가는 텐트가 쳐지고, 시의 인구의 5배가 넘는 사람들이 북적대고(700만 인구), 시에서는 7000억 원의 수익을 올린다고 한다.

③ 전래적 · 여가적 축제

전통축제가 민속화 된 축제의 형태로서 여전히 전통적인 모습으로 남아 있기는 하지만, 축제 그 자체의 내용과 의미는 그것이 본래 근원하고 있던 사회 · 문화 · 경제적 맥락과 괴리되어 나타나게 된다. 보통 민속적 세시의례 과정 속에서 연희되는 축제가 여기에 해당된다.

이와 같은 부류에 속하는 축제들은 외형적으로는 여전히 전통적인 모습을 그대로 유지, '원형성'을 강조하지만, 실제 그 축제의 현재적 의미와 내용은 그것이 본래 근원했던 사회 · 문화 · 정치 · 경제적 배경과는 완전히 분리 되어 있다. 축제의 대부분이 일종의 '스펙터클(spectacle)'이 되면서 수많은 전통적 요소들이 재창조되거나 새롭게 고안되고 있다. 실제로 축제에 새로운 의미는 계속 부여되지만 그와 동시에 축제는 더욱 더 민속적인 것이 되면서 항상 '전통적인 것'으로 간주된다.

현재 연희되는 대부분의 축제들이 관광과 여가 향유의 대상으로 연희되고 있다고 봐도 무방할 정도로 축제의 직접적인 목적 자체가 관광객을 모으고, 지역경제를 활성화하고, 볼거리와 먹거리, 그리고 놀거리를 제공하고자 하는 것들이 많다.

이러한 축제들의 역사는 비교적 짧지만 흥미유발성이나 사람들의 참여비율은 대단히 높아서 대단히 중요한 관광 상품임과 동시에 지역의 문화적 정체성을 높이는데 기여를 하고 있다. 각 축제의 주요 소재로 사용되는 것으로는 지역의 특산물, 자연지형, 민속적 전통, 역사적 사실 등이다.

이러한 축제들 중의 많은 것들이 전통과 민속적인 요소를 가미해 일종의 관람을 하기 위한 스펙터클로 만들어진 것들이다. 이러한 축제들을 구성하는 요소들 중에는 '재창조된 전통' 그리고 참여보다는 '관람'을 주목적으로 하고 있는 것이 많이 있다.

민속화 된 전통축제는 현재 대부분 '스펙터클(spectacle)'의 양상을 띠고 있다. 마을 단위로 지역주민들에 의해서 연희되던 것이 외부인의 관심을 끌게 되면서 그것의 규모가 점점 커지고, 외양이 좀 더 화려해지는 것이 보통이다. 또한 그것이 원래 생겨난 문화적 맥락에서 벗어나서 관객을 대상으로 무대 위에 올려지게 되면서 본래의 축제적인 성격은 약화된다. 축제적 연희자와 관람자, 즉 관객이 분리되는데, 여기서 연희자는 연기자가 되기도 한다.

(2) 외국축제의 종류

외국의 축제는 두 가지로 구분할 수 있다. 하나는 실질적인 지역주민들의 삶이 베어있는 전통적인 민속축제로서의 지역축제이며, 또 하나는 자연물이나 특산물, 민속적 요소 등이 다양한 축제적 여흥거리와 결합된 지역홍보와 관광차원에서 개최되는 축제이다.

사실 많은 축제들이 연희되고 있지만, 이 첫 번째에 해당하는 민속 축제는 지역주민들의 삶을 직접 반영하고 있는 축제로서, 관광객 유치를 위한 축제들보다 많이 알려져 있지 않은 편이지만 지역의 전통적인 사회·문화적 특징들을 보여준다는 점에서 매우 중요한 가치를 지닌다. 또한 이 축제들을 개최하는 지역주민들의 참여도가 매우 높은 것이 특징이다. 프랑스 남부의 수레축제, 스코틀랜드 에딘버러의 에딘버러 축제, 독일 뮌헨의 맥주축제가 전통적인 지역축제들에 속한다.

두 번째에 해당하는 지역홍보와 관광차원의 축제들은 지방분권화가 발달한 유럽의 많은 국가들이 지역경제 활성화를 위해 개최하는 경우가 많다. 지역의 특산물과 관계된 것으로는 프랑스의 보졸레축제나 꼬냑축제, 네덜란드의 튤립 축제 등을 들 수 있다. 프랑스 앙굴렘 만화축제는 만화 관련 출판사들의 행사에서 발전한 축제이며, 프로방스 아를를 시의 페굴라도(Pegoulado) 축제는 전통의상이나 음악, 무용 등 지역의 민속적인 요소들로 구성된 축제이다.

❶ 망똥 레몬축제

1929년 라비에라 호텔(Riviera Hotel)을 경영하던 호텔 업주는 꽃과 감귤류를 이용한 전시회를 착안했고 이를 실행에 옮겼다. 그리고 이것이 사람들로부터 좋은 호응을 얻게 되었고, 1934년, 망똥시 당국이 축제의 시장성을 간파하여 레몬축제라는 놀거리를 만들었다.

레몬축제의 하이라이트는 '금빛 과일행렬'이라 불리는 퍼레이드다. 거리 퍼레이드에는 관람석이 마련되어 있어 입장료를 받는다. 망똥 축제를 찾는 관광객은 대략 50여만 명으로 인구 3만의 도시 규모를 감안할 때 대단한 규모다. 또 경제적 측면에서 보면 입장료 수입만으로도 축제를 운영하고도 남는다. 축제의 연간 총 수입이 우리 돈으로 14억 5천만 원 정도인데, 매년 2억 원 정도 흑자가 발생한다. 여기에는 지역 호텔의 수입, 식당, 관광 상품 판매고 등은 제외되어 있어 지역 이미지 홍보 등 경제적 부가가치까지 포함한다면 수십 억 원의 순 이익을 거두고 있다.

망똥 축제는 레몬 판매가 목적이 아니라 레몬의 색깔과 맛 · 향기 · 이미지가 갖는 상징성을 스토리와 결합해 시각화하고, 이를 축제로 연결했다. 주제 또한 어린이들이 좋아하는 동화여서 친숙하다.

망똥 레몬축제의 레몬모형

축제기간 내의 거리의 모습

❷ 에딘버러 군악대축제

군악대축제의 군악대 공연

군악대축제의 축제장

해마다 8월 하순에서 9월 상순에 개최되는 에딘버러 군악대 축제는 에딘버러의 관광명소 에딘베러 성을 배경으로 펼쳐지는데 더위를 피해 찾아온 피서객들과 수많은 축제를 보기 위해 방문한 세계 각국의 관광객이 한꺼번에 집중되는 시기이다. 여름이면 이곳은 국제 공연예술제, 에딘버러 프린지 페스티벌, 재즈 페스티벌 북 페스티벌, 필름 페스티벌 등의 축제가 연일 이어진다. 군악대의 밀리터리 타투(Military Tattoo) 공연은 스코틀랜드의 전통악기인 백파이프와 드럼을 둘러 맨 군악대들의 퍼레이드에 뒤이어 세계 각국에서 모여든 밴드와 춤패들의 흥겨운 공연들이 펼쳐진다. 1950년부터 시작된 이래 이 퍼레이드는 20만 명 이상의 관객들이 함께하는 축제의 가장 인기 있는 행사이다.

또 하나 축제의 하이라이트는 에딘버러 성의 성벽으로부터 쏘아 올리는 대규모의 폭죽놀이와 함께 프린세스 스트리트 가든에서의 야외 콘서트이다. 이 공연은 에딘버러 행사의 마지막을 장식하는 폐막제 행사인데 무엇보다도 무료로 관람할 수 있다는 것이 더욱 더 관객들의 구미를 당긴다. 또한 가장 중요한 것은 장소다. 대체로 군악대는 운동장이나 대형공연장 등에서 펼쳐지는데 여기서는 분위기가 너무도 꼭 맞는 에딘버러 성 앞에서 이뤄진다.

❸ 에딘버러 프린지 축제

8월 10일부터 30일까지 20일간 스코틀랜드의 수도 에딘버러에서 열리는 에딘버러 프린지(Edinburgh Festival Fringe)축제는 기네스북에도 세계 최고의 예술 축제로 기록된 바 있다.

프린지 축제의 홍보 포스터

프린지 축제

처음 에딘버러 축제를 기획했던 당시 기획자들은 청중이 되어줄 일반 대중들과 그 대중을 즐겁게 해줄 공연자들의 무리를 중심에 놓고 생각했다. 페스티벌 첫 해에 뜻하지도 않고 초대받지도 않은 8개의 극단이 참가해 열심히 공연했다. 이들의 공연은 특별한 공연장도 중앙에서 티켓을 팔아주지도 않았지만 공연수준은 높았기 때문에 언론의 관심을 받았고 이렇게 시작된 것이 에딘버러 페스티벌의 성격에 영향을 미쳤다.

프린지(fringe)란 본래 '가장가리', '주변'을 뜻하는데 이러한 이름은 공연을 취재한 기자가 기사를 쓰면서 '페스티벌의 변두리에서(on the Fringes of the Festival)'라는 말을 쓴 데서 유래되었다고 한다. 에딘버러 페스티벌에는 특별한 참가 초대 같은 형식은 없다. 모두들 자기 극단의 재정으로 참가한다. 관객이 몰리면 공연은 지속되고 유명해지는 것이다. 주최측이 참가희망자에게 하는 역할은 자문안내, 티켓판매, 출판과 웹사이트에서 홍보이다. 이러한 방법이 참가자들에게는 부담이 되지만 축제를 개최하는 주최 측 입장에서는 적은 돈으로 축제를 개최하여 적은 인원과 예산으로 개최 할 수 있다는 장점이 있다. 프린지 축제는 공간을 활용하는 지혜 또한 눈여겨볼 만하다. 축제기간에 이용되는 공연장은 극장, 클럽, 교회, 호텔, 카페, 식당, 학교 등 장소가 가지고 있는 선입견에서 벗어나 공연주제에 맞게 자유자재로 공간을 활용한다는 점이다. 한편 세계 각국의 공연기획자들은 공연되는 작품들 중에 상품성과 예술성 높은 완성도 있는 공연단을 평가하여 구매해 가기 때문에 국제적인 공연예술의 견본시장 역할을 하고 있다. 이것이 참가자들의 재정적인 위험성을 감수하면서 에딘버러 프린지 축제에 참여하는 가장 큰 이유이다.

❹ 뮌헨 맥주축제

뮌헨 맥주축제의 축제장

뮌헨 맥주축제

이 축제는 1810년 바이에른 왕국의 황태자 루드비히와 작센의 테레사 공주와의 결혼을 축하한 경마 모임에서 비롯되었다. '옥토버 페스트'는 루드비히 1세의 성혼을 기념하여 1810년 이래 계속되고 있는데, 평균 700만 명의 맥주 애호가가 축제기간 중 모인다. 축제의 개막식은 7㎞에 이르는 거리축제로 시작된다. 2시간 동안 계속되는 이 거리행진은 축제를 위해 맥주 회사들이 저마다 화려하게 치장한 마차에 맥주통을 가득 싣고 뮌헨 시장의 축포 신호와 함께 시작된다. 먼저 맥주통을 가득 실은 화려한 마차들이 등장하면서 그 해의 새로운 맥주들이 선보이게 된다. 그 뒤로 민속 음악대, 깃발 부대, 귀족 마차 등이 순서대로 거리를 누비며 축제 분위기를 한껏 고조시킨다. 또 독일의 민속 옷을 입은 이곳 종업원들은 수천 명이나 되는 사람들의 주문을 받으면서도 정확히 배달을 해주는 모습으로 여행객들의 감탄의 찬사를 받는다. 흥겨운 맥주축제인 만큼 사람들은 자리에 앉아서 맥주를 즐기기보단 일어서서 어깨동무도 하고 기차놀이도 하며 동·서양인 할 것 없이 모두 하나 되어 축제를 즐긴다.

❺ 하카다 기온야마카사축제

하카다 기온야마카사축제

이 축제는 하카다(博多)의 총 수호신사인 쿠시다신사의 봉납행사로 하카다 최대의 연중행사이다. 축제기간이면 1~8일까지는 하카다에 17개의 거대하고도 화려한 카자리야마를 시내 곳곳에 장식한다.

9일 날 예식을 마친 다음 팀별로 야마카사의 이동이 시작하는데 높이가 거의 10~15m에 무게 1t이나 되는 거대한 물체라고 봐도 무방할 정도이다. 이런 가마를 6명의 남자가 올라타고 30여 명 정도의 남자들이 팀마다 각자 정해진 2일 동안 출발점으로 옮긴다.

가장 하이라이트는 15일 새벽 4시 59분에 이루어진다. 오이야마(追い山)라는 행사로 마지막 예식 후 각 팀들이 순서대로 경기를 시작하는데 이때에는 걸어 다니는 것이 아니라 1t이나 되는 가마를 메고 무려 5Km를 전력질주로 뛰어다닌다.

이 축제는 지역민 스스로 참여하고 즐기는 축제의 전형이다. 주민들은 전통 의상을 입고 팀을 이루어 축제에 참여한다. 특정 한 프로그램은 없지만 전통 복장의 시민들이 바로 훌륭한 관광 상품인 셈이다. 잡다한 주변적 연행의 나열도 없고 외국 팀의 공연도 없다. 다만 적게는 백 명에서 많게는 수천 명에 이르는 주민의 직접적인 경연 참여만이 축제를 주도한다. 가마를 메고 달리는 기온야마카사 역시 지역주민이 열광적인 참여가 성공의 원동력이다. 그러나 우리나라 대부분 지역축제는 주민을 구경꾼으로 전락시켰다. 주민과 함께 하는 프로그램이 빈약하기에 축제에 흥미를 느끼지 못한 주민은 축제 밖에 머물러 있다. 최근 일부 지역축제에서 주민을 배려하는 노력이 엿보이지만 아직도 빈약하다.

⑥ 중국 빙등제

빙등제(氷燈祭)는 중국 북방지역에서 유행하는 일종의 전통적인 민간예술의 형식이다. 매년 1월 5일에서 2월 5일 사이에 열리며, 1985년 제1차 하얼빈 빙등제가 막을 올린 후부터 매해 개최되어 국내외로부터 호평을 받고 있다.

빙등제 축제장 전경

빙등제의 얼음조각상

빙등제는 얼음을 주재료로 하여, 건축, 조각, 회화, 춤, 문학과 음악 등을 집대성한 얼음 예술이다. 동시에 형태, 색, 소리, 빛, 전기 등의 현대 과학기술을 응용하여 오색찬란한 예술세계를 창조해 낸다.

중국 북방의 유명 도시 하얼빈은 결빙기가 190일에 달하여 예로부터 '얼음의 도시'로 불려왔고, 세계빙설문화의 발원지로 꼽힌다. 춥고 긴 겨울철과 가소성이 강하고 항압력이 약한 송화강 얼음은 빙설예술에 유달리 좋은 자연조건을 제공한다.

하얼빈얼음축제 · 하얼빈빙설제 · 하얼빈빙등제라고도 한다. 1963년부터 열리기 시작했지만, 공식적으로 개최되기 시작한 것은 1985년 제1회 하얼빈빙설제(哈爾濱氷雪祭)가 열리면서부터이다. 이후 해마다 1월 5일에서 2월 5일 사이에 개최되는 눈과 얼음의 축제로 빙등제와 빙설제가 별도의 장소에서 개최된다.

개최기간에는 전 세계의 유명 얼음조각가들이 모여들어 세계의 유명 건축물이나 동물 · 여신상 · 미술품 등의 모형을 만들어 전시하는데, 영하 20도 이하의 추운 날씨에서 얼어붙은 쑹화강(松花江)의 단단하고 하얀 얼음을 이용한다. 또 오후 4시 이후에는 얼음 조각 안의 오색등을 밝혀 신비하고 아름다운 장관을 연출해, 건축 · 조각 · 회화 · 춤 · 음악 등이 고루 어우러진 예술세계를 보여준다.

❼ 삿포로 유키마쓰리

삿포로는 일본 최북단에 있는 섬 홋카이도의 중심도시로 유난히 겨울이 길고 추우며 눈이 많이 내린다. 폭설로 교통이 두절되고 사상자가 생기는 열악한 환경 속에서 무엇인가 즐거운 일을 만들어 보려고 궁리했다. 이런 지역적인 특수성에서 비롯된 삿포로의 '눈 축제'(雪祭 : Yuki Mastsuri)는 세계적으로 유명하다.

매년 2백만 명 이상의 관광객들이 몰리는 축제기간 동안에는 국제 눈 조각 콩쿠르를 비롯하여 미스 유키마쓰리 선발대회, 패션쇼, 스키대회, 레이저 광선 쇼 등이 다양하게 펼쳐진다.

오도리 공원에서는 축제의 백미인 국제 눈 조각경연대회가 열린다. 두 그룹으로 나뉘어 4일 동안 세계 각국에서 온 팀들이 작품을 만든다. 대형 눈 조각상 제작에는 많은 노력이 필요하다. 기획에서부터 현지조사, 도면과 미니어처 제작 등에 이르기까지 거의 1년이 소요된다. 사용되는 엄청난 양의 눈은 일본 자위대가 수송을 맡는다. 보통 5톤 트럭 7,700대분의 눈이 현장으로 운반된다. 많은 자원봉사자들의 헌신적인 노력도 빼놓을 수 없다. 축제기간 동안 삿포로의 메인 스트리트인 오도리, 스스키노, 나카지마 공원은 기기묘묘한 눈 조각상으로 뒤덮이고, 밤하늘을 수놓은 전등장식과 붐비는 인파로 불야성을 이룬다.

삿포로 눈 축제에서는 격렬하게 춤추고 노래하며, 술에 취해 난동을 부리는 일 등은 벌어지지 않는다. 다만, 가까운 사람끼리 몰려다니며 거대한 눈 조각상을 들여다보거나 흥미 있는 행사에 참여한다. 그리고 삿포로의 유명한 생맥주를 즐기는 조용한 축제이다.

삿포로 유키마쓰리의 눈 조각상

(3) 유럽의 주요 축제도표

❶ 독일의 축제

지역명	축제명 〈독문표기〉	시기	축제 주요내용
뮌헨	10월 축제 (Okterber fest)	9월	· "Wiesn"(비즌)이라고도 불리는 세계 제1의 맥주축제. · 많은 양조장들이 참여하며 의상행렬과 사격행렬이 진행되며 다양한 콘서트가 개최.
쾰른	쾰른 카니발 (Koeln Karneva)l	2월	· 카니발의 대표적 행사라 할 수 있는 가장행렬이 1823년 처음 시작됨. · 가장행렬..
베를린	베를린의 문화카니발 (Karneval der Kulturen)	5월 (성령 강림절)	· 베를린에 거주하는 120개 국의 이민자들이 자국의 문화를 소개하는 문화축제. · 시가행진.

❷ 프랑스의 축제

지역명	축제명 〈불문표기〉	시기	축제 주요 내용
Nice (Alpes-Maritimes)	니스의 카니발 (Carnaval de Nice)	2월 중순 (15일간)	· 2.5㎞에 이르는 꽃마차와 다양한 가장행렬, 마지막 범의와의 인형을 불태우는 모의 화영식, 불꽃놀이, 거리에 쏟아지는 종이 조각.
Menton (Alpes-Maritimes)	레몬 축제 (La fête du citron)		· 해마다 바뀌는 주제인 만화 주인공과 더불어 수많은 귤과 레몬들로 이루어진 거대한 행렬이 다채롭게 펼쳐진다. 오렌지 및 레몬 재배자를 비롯하여 정원사, 화가, 금속 가공 업자 등 다양한 업종에 종사하는 사람들이 참여하고 500,000개의 고무줄과 130톤에 달하는 오렌지와 레몬이 이 축제에 소요된다.
Cannes (Provence Riviera)	깐느 국제 영화제 (Festival international du film de Cannes)	5월 중순	· 영화 시사와 영화 시장이 공존. 그리고 공식 경쟁부문, 단편영화 경쟁부문, 주목할 만한 부문, 비평가주간, 감독 주간, 황금 카메라, 프랑스 영화 회고전 등 7개 부문으로 나뉘어 열린다.
Avignon (Vaucluse)	아비뇽 페스티벌 (Festival d,Avignon)	7월 (한 달간)	· 1947년 연극인인 Jean VILAR에 의해 창안, '연극 예술주간' 행사로 시작. 연극 및 안무를 중심으로 하는 음악회, 조형미술전시회, 극과 시작품 낭송회, 영화상영회 등을 포함하는 종합문화행사.
Seine-Maritime (Normandie)	노르망디 10월 페스티벌(Festival Octobre en Normandie)	9월 말~10월 말 (한 달간)	· 예술인과 대중간의 교감을 위한 춤과 음악의 축제. 60여 가지의 공연. 오케스트라와 세계 각지의 문화 소개, 회의 등 전통과 현대적 창작의 공존.

❸ 영국의 축제

지역명	축제명 〈영문표기〉	시기	축제 주요 내용
Beromunster	예수 승천일 (Auffahrtsumrit in Beromunster)		· 부활절 40일 후 목요일
Kuessnacht am Rigi	겨울 의상제 ("Min-Winter customs in Hallwil/ Klausjagen in Kuessnacht am Rigi")		· 매년 12월 5일
Fribourg	성 니콜라스 축일행사 (St. Nicolas in Fribourg)		· 매년 12월 6일
Solothum	카니발(Carnival in Solothum)		· 성 목요일 아침 5시－재의 수요일

5. 지역축제의 관광화 사례

(1) 관광화의 의의 및 배경

지방자치단체가 지역축제의 활성화에 노력을 경주하는 것은 성공적인 지역축제는 지역의 이미지(image) 제고로 나타나고, 이는 바로 지역 관광 진흥 도약의 기회로 이어져 지역경제에 도움이 될 것이라는 기대감과 지역축제의 성공적 개최를 통한 지역주민의 단합과 지역문화의 발굴 및 체계화, 도시와 농촌간 그리고 국제간 문화교류촉진으로 인한 지역개발 잠재능력의 현재화 등 다양한 편익을 창출해낼 수 있다는 것으로부터 비롯된다. 이런 추세와 지방자치단체 등의 적극적인 자세로 볼 때, 이제 축제, 특히 문화적 축제와 관련 행사는 하나의 대안관광(alternative tourism)으로서 고유한 가치를 가진다.

지방화시대는 지역문화의 창조와 육성에 지역의 구성원들이 보다 적극적이고 주체적으로 참가하여 지역적 유대를 강화시키고, 지역문화를 꽃피우며, 개성이 풍부한 지역건설을 시도하는 지역문화의 시대를 일컫는다. 지역의 각계각층을 이러한 지역문화의 창조와 육성활동에 참여시키고, 또한 그러한 장치를 마련하는 계기와 분위기를 만들어 가는 데 효과적인 역할을 담당하는 것이 지역의 축제이다. 따라서 모든 지역축제는 성격상 전통문화와 분리하여 생각할 수 없다. 지역축제는 전통문화의 발굴·복원·개발과 그 맥이 닿아 있기 때문이다.

지역축제의 관광상품화란 관광자원의 매력을 널리 알려 관광객을 유치하고, 관광상품으로서의 효용적 가치를 극대화하여 관광수입을 창출해내기 위해 지역의 행사나 축제를 관광자에게 팔 수 있는 상품으로 개발하는 것을 말한다. 특히 경제상황이 나아지면서 문화관광 축제는 현대인에게 없어서는 안 될 중요한 하나의 생활양식으로 자리 잡게 되었고, 이러한 활성화는 주최자나 참가자 모두에게 많은 경제적 이익을 창출하고 있는데, 지역축제가 활성화된 배경은 다음과 같다.

① 국민소득의 증대와 여가시간의 증대이다.

소득의 증대로 인한 소비의 증가는 문화산업관련 행사의 수와 종류의 증가를 가져왔고, 여가시간의 증가는 관광 레저활동 및 여행의 확대와 문화 · 예술 축제 활성화뿐만 아니라 축제의 참가자수와 참여횟수를 증대 시키고 있다.

② 지역문화축제를 통한 지역 및 산업 활성화의 추구이다.

지방화시대를 맞이하면서 개성 있는 지역건설, 상점가 활성화, 산업의 진흥을 목적으로 문화관광 축제가 개최된다.

③ 교류의 장으로서의 역할증대이다.

지역문화축제는 지역구성원들 간의 단결과 공동체적 연대감 함양, 그리고 참여자들 간의 정보교류, 지역과 지역의 교류, 기업간 · 산업 간의 상호교류, 인적인 국제교류의 장으로 활용된다.

방문객의 축제 참여 동기

연구자	동기
정강환(1999)	가족친화성, 흥미성, 교육성
고동우(1999)	흥미성, 단체친목성, 교육성, 일탈성

연구자	동기
연경녀(1998)	흥미성, 가족친화성, 독특성, 보문단지 다양성
김춘식 & 남치호(2002)	지역민의 긍지, 자부심 고양
정경훈(2002)	사교성, 관광성, 시간성
Formica & Uysal(1998)	사교, 유흥성, 축제 매력, 흥분성, 단체 친목성, 문화, 역사성, 가족친화성, 신비성
Crompton & Mckay (1996)	문화탐구, 신비성, 희귀성, 안정성, 지인간 사교성, 타인간 사교성, 군집성
Formica & Uysal(1996)	흥분, 스릴, 사교성, 유흥성, 축제 신비감, 가족 친화성
Schnedier & Backman (1996)	가족친화성, 사교성, 유흥성, 축제 신비감, 가족친화성
Scott(1996)	자연감상, 축제흥분, 사교성, 가족친화성, 호기심, 일상탈출
Backman et al.(1995)	흥분, 외향성, 가족친화성, 사교성, 휴식
Usyal, Gahan, Martin (1993)	일상탈출, 흥분·스릴, 축제 신비감, 사교성, 가족친화성
Mohret al(1993)	사교성, 가족친화성, 흥분, 독특성, 일상탈출, 축제, 신비감
Getz(1995)	볼거리, 의례, 게임, 체험공유

지역축제는 표현에 나타나는 것과 같이 지역을 중심으로 하는 행사이기 때문에 행사의 주체인 지역주민들이 자부심을 갖고 준비에 참여하고, 외부의 참여자를 맞이할 준비가 되어 있

지 않다면 단순한 지역축제에 머무를 뿐이며, 진정한 의미의 관광상품화 축제로 승화될 수 없다. 또한 하나의 지역축제 축제가 탄생하기 위해서는 사회의 모든 분야에 대한 전반적인 혜안과 통찰력이 필요하다. 이는 단순한 대행 축제에서는 찾아 볼 수 없는 요소이다. 정치·경제·역사 등 모든 분야에 대한 지식과 통찰력에서 축제의 기본이념이 추출될 수 있으며, 여기에 그 지역의 인프라와 지역주민의 특성 및 특산물에 대한 철저한 이해가 바탕이 되어야만 상품성을 지닌 문화축제의 모습으로 보여 질 수 있다.

(2) 지역축제의 관광화 조건

매력적인 전통 민속축제를 개발하고 활성화하기 위해 지역에 대해 알아야 할 내용을 살펴보면 크게 자연적 여건과 역사적 배경 및 사회적 상황 등을 들 수 있다.

① 자연적 여건

그 지방의 음식물·가옥구조·복장·생업·신앙·계절추이 등을 들 수 있는데, 이런 요소들은 사람들의 기본적인 생활에 영향을 끼쳐서 생활민속을 형성하는 데 결정적인 영향을 준다. 이런 고유성은 전통민속축제 행사의 전반에 크게 기여한다.

② 지방의 역사적 배경

그 지역에 전통적인 축제행사가 있다면 가급적 원형을 살리도록 노력하고, 동시에 원형의 단순한 보존이 아니라 현대적 보전이 가능하도록 건전한 놀이 문화적 요소를 가미시킬 수 있어야한다. 특히 과거에 축제나 축제의 형태를 지닌 문화가 없다면 문화 속의 정신을 살리면서 축제화 할 수 있는 자료를 발굴하여 문화축제로 창출해 내는 자세가 필요하다.

③ 지방의 사회적 상황

지역사회는 문화의 다양성과 사회적 관습 및 도덕 그리고 가치관을 중심으로 형성되고 있으며, 문화적 측면에서 그 내용의 개인적·집단적 행위에 영향을 미치므로 지역에서 개최되는 축제의 내용 등 전반적인 부분에 영향을 주는 것은 물론이고, 외부의 참여자에게도 지대한 영향을 미친다. 따라서 지역사회에 대한 사회·문화적 실상을 정확히 파악하는 것은 문화축제의 성패를 좌우할 수 있는 중요한 부분이다.

따라서 지역을 단위로 개최되는 문화축제는 지역주민이 중심이 되어 준비되고 행하여져야 한다. 문화축제를 지역문화에 대한 이해 없이 단순한 축제로서 기능적인 연출을 중시한다며, 이런 문화축제는 지역주민이 소외된 기형의 행사가 될 것이다. 주민의 문화행위로 나타난 전통문화축제가 다시 현대에 복원되어 재창조될 수 있도록 비전문가들의 추상적이고 일반적인 복원이 아니라 전통문화축제를 바르게 인식하고, 축제문화를 깊이 이해하는 전문가로 하여금 민속축제와 지역주민을 연계토록 하여 민속축제의 의의를 살리고, 이를 현대사회에 맞도록 응용하여 주민과 방문자가 모두 즐길 수 있는 축제로 승화시키는 노력을 기울어야 할 것이다.

(3) 지역축제의 관광화 구성요소

지역축제를 상품화하여 이를 관광자원으로 활용하기 위한 다양한 노력이 계속되고 있다. 지역축제를 개최하고 관광자원으로 활용하기 위해서는 많은 요소들이 결합되어야 하는 것은 자명하다. 지역축제의 상품화 중에서 가장 기본적인 것을 7가지로 제시할 수 있다.

① 문화적 배경이다. 지역축제를 개최하고자 하는 지역은 그 지역만의 고유한 문화를 가지고 있어야 한다. 이런 문화를 가지지 못한 곳에서는 다른 성격의 행사 개최는 가능하겠으나, 상품성 있는 지역축제의 개최는 불가능하다. 이 문화적 배경에는 그 지역의 역사·설화·놀이·풍속 등 다양한 내용이 포함된다.

② 그 지역의 환경적 요인이다. 그 지역이 가지고 있는 정치·경제·사회·문화 등 외적 환경요인은 물론이고, 접근성과 주민들이 축제를 대하는 태도와 사회적인 기반시설의 정도까지 많은 요소들이 복합적으로 환경적 요인을 구성한다.

③ 축제 자체적인 것으로 연출가의 능력이나 전문성 및 축제 개최에 필요한 기술력 등을 지적할 수 있다.

④ 전통문화와 축제는 원초적 제의성과 신화적 뿌리가 보존되어야 하고, 신화적이고 역사적인 뿌리가 있는 현장성이 보호되어야 하며, 근거를 찾을 수 없는 것은 제거되어야 한다.

⑤ 전통민속축제는 축제의 종교적·역사적 뿌리와 관련된 장소에서 축제가 벌어지던 시기에 벌어져야 한다. 또한 향토주민 남녀노소가 참가해야 하고, 그 축제의 신화·설화·세시풍속들이 참가자들에 의해 연행되어야 한다.

⑥ 전통민속축제의 장에서는 카오스적 난장판이 벌어져 지역주민들의 집단가무와 놀이 및 경기가 자발적으로 벌어지되, 그것이 전통문화의 보존에 기여하고, 향토주민의 일체감을 북돋우며, 축제의 핵심을 이루어야 한다.

⑦ 전통문화의 고유성을 유지하면서 동시에 현대생활에 맞도록 해야 하며, 세계적인 전통민속축제로 이끌어야 하고 그러기 위해서는 노래와 춤 등이 전통적인 가락과 율동에 바탕을 두되, 현대감각에 맞아 참여자가 두루 즐길 수 있어야 한다.

이런 요인들의 결합으로 지역축제의 상품성이 성립될 수 있다.

지역축제 상품화를 위한 모델

상품화 모델의 단계	· 축제 관광개발	· 전략
제1단계(기준설정)	· 조직위 · 운영위선정	· Workshop 포럼 등을 통한 시민 대표자 선출 위한 기준 마련 · 관광정책-시민에게 정보제공 · 활성화-시민들 사이의 긍정인식확산 · 시민과 지방정부 간의 대화 개시
제2단계(방향설정)	· 축제 관광개발 목표설정 · 정책의 우선 순위개발	· Partnership에 근거한 관광기획 시작 · 공동연구에 의한 대안의 장 · 단점 파악 · 관광목적과 전략 결정 · 자원배치, 개발운영과 관련한 합동의사결정
제3단계(실행)	· 기획 · 운영	· 지방정부의 관광전략 적용 · 지역사회의 협력(홍보, 참여정도, 자원봉사)
제4단계(평가)	· 기획 · 운영평가 · 권한위임 틀 평가	· 관광정책결과분석 · 사회적 · 경제적 · 심리적 · 정치적인 권한 부여(발탁) 징후 평가 영향분석

(4) 볼거리, 놀거리에 의한 사례분석

❶ 볼거리

영동 난계국악축제

볼거리를 테마로 개발한 사례는 우리나라에서도 많이 찾아 볼 수 있다. 이들 축제를 유형별로 나누어 보면, 음악과 춤을 행사를 관광화시킨 '천안 흥타령 축제 ', '영동 난계국악축제', 부산 국제 락 페스티벌' 등과 고적(古蹟)을 관광상품으로 개발한 '고성 공룡나라축제', '지역전통공연을 상품화한 안동 국제탈춤 페스티벌', '청도 소싸움 축제' 등과 영화제를 기획하여 성공을 거두고 있는 '부산 국제영화제', '부천 환타스틱 영화제' 등을 들 수 있고, '예술축제 성격의 제주 가면축제', '충주 세계무술축제', '대전 사이언스 페스티벌', '광주 비엔날레', '경주 세계문화 엑스포', '부산 국제 아트 페스티벌 등으로 크게 나눠 볼 수 있다.

음악행사인 영동 난계 국악축제는 우리나라 3대 악성(樂聖) 중 한 사람인 난계 박연 선생을 기리는 행사를 축제로 발전시킨 것이다. 영동군은 난계국악축제'를 개최하여 우리 국악의 우수성을 널리 알리는 동시에, 영동지역의 문화유적과 관광자원을 연계하여 보고 즐기는 축제로 발전시켰다.

'고성 공룡나라축제'는 천연기념물 411호인 중생대 백악기 고생물 화석출토지로 다양한 종류의 공룡 발자국 화석과 알 화석, 새 발자국 화석, 무척추동물의 흔적 등의 볼거리를 중심으로 원시생활체험, 내가 만든 공룡 등 체험 프로그램을 개발하여 축제로 승화시켰다. 고성 공룡나라축제'는 어린이와 청소년에게 뿐만 아니라 어른들에게도 역사교육의 기능도 지니고 있으며, 독특한 아이템을 발전시킨 축제인 만큼 발전가능성도 크다.

또한 '강화의 고인돌축제'도 고적(古蹟)을 지역문화축제로 개발한 좋은 예가 될 수 있다.

하회탈로 유명한 안동에서 개최되는 '안동 국제탈춤 페스티벌'은 중요무형문화재로 지정된 국내의 탈춤과 세계 각국의 탈춤을 한 자리에서 볼 수 있는 지역문화축제이다. 세계 탈전시회, 탈춤그림 전시회 등 다양한 볼거리와 탈춤 따라 배우기 등의 참여 프로그램으로 관광객을 유혹한다.

고성 공룡나라축제

강화 고인돌축제

안동 국제탈춤페스티벌

충주 세계무술축제

2005 부산 국제영화제 포스터

'충주 세계무술축제'는 충주체육관 일원에서 개최되는 행사로 세계 각국의 고유한 무술을 한 곳에서 만나 볼 수 있는 축제이다. 각국의 무술시범행사를 비롯하여 겨루기 등의 프로그램이 진행된다.

'부산 국제영화제'는 5회의 행사를 통해 아시아 제1의 영화제로 발돋움하였다. 아시아권 영화제로 출발하였으나, 단 5회 만에 세계영화계의 주목을 받는 행사로 발전하여 명실상부한 세계영화시장의 한 자리를 차지한 행사로 평가받고 있다. 또한 부산 국제영화제'를 통해 아시아와 한국영화의 투자자를 대거 유인하는 성과를 기록하여 문화・경제적 이익을 창출하는 효과를 보여 주고 있다. 부산 국제영화제 추진위원회의 지속적인 활동으로 세계영화제로 성장할 수 있기를 바라며, 우리나라 영화산업의 발전에 주춧돌이 되기를 기대한다.

'천안 흥타령축제'는 천안 지역의 고유정서가 녹아진 "흥타령 춤 · 노래 · 의상"을 주 테마로 하여 "신명 · 감동 · 열정"이란 내용을 담아 흥겨움으로 표출하는 열린 축제로써 한국최초의 누구나 축제의 주인공이 될 수 있다는 독특한 테마를 설정, 참여형 축제로서 축제적 축제로 발돋움하고 있다.

천안 흥타령축제

'아산 이순신축제'는 충무공 이순신 장군의 애국애족정신을 되새기고 국난극복의 위업을 계승하고자 1961년 온양문화원이 주관하여 온양문화제로 개최되었다. 1962년부터 아산군이 맡아 주관하였고, 1982년 온양읍이 시로 승격한 뒤 온양시가 주관하다가, 1992년 아산시가 공동 지원하여 온양아산문화제로 이름을 바꾸었다.

아산 이순신축제

'경주 술과 떡축제'는 살아 있는 박물관이라 불리는 한국의 대표적 역사문화의 도시 경주시에서, 한국인의 오랜 생활문화의 일부인 떡과 술을 주제로 전통 음식문화축제를 개최한다. '한국의 술과 떡 잔치' 축제는 전국의 전통 '술'과 '떡'을 한 자리에 전시, 관광객으로 하여금 각 지역의 특성을 이해할 수 있도록 준비된 문화체험의 장이기도 하다. 수십 종의 다양한 도구와 자료전시, 그리고 시음과 시식 기회를 제공하며, 행사장 내에 떡 방앗간을 설치하여 즉석에서 만든 부드럽고 따뜻한 떡을 맛볼 수 있다. 관람객이 직접 참여하는 다양한 행사도 펼쳐진다.

경주 술과 떡축제

청도 소싸움축제

'청도 소싸움축제'는 주로 추석놀이로서 전해져 오던 소싸움이 1970년대 고유의 민속놀이로 정착된 후 1990년부터 3·1절 행사로 자리 잡게 되었는데, 이것이 발전되어 우리나라 최대규모의 소싸움으로 탈바꿈하게 되었다. 1999년에는 문화관광부에서 지정한 한국의 10대 지역문화 관광축제로 선정되었으며, 일본 투우와 주한미군 로데오 경기 유치 등 프로그램의 다변화를 꾀하여 국제적인 행사로 주목받기 시작하였다.

❷ 놀거리

놀거리 위주로 개발한 사례는 '보령 머드축제', '남대천 연어축제' 등을 들 수 있고, 한 겨울의 부산 앞바다에서 펼쳐지는 북극곰 수영대회' 역시 회를 거듭할수록 많은 사람들이 참여하고, 외국인들도 다수 참가하는 대규모 행사로 자리 잡아 가고 있다.

보령지역의 경우 서해안의 해수욕장이라는 놀이시설과 풍족한 머드를 결합시켜 머드축제'를 개발함으로써 더 많은 관광객을 유치하게 되었고, 관광객의 입장에서는 해수욕장의 놀이시설과 머드를 이용한 놀거리 프로그램으로 즐거운 시간을 보낼 수 있는 동시에, 피부미용에도 효과를 볼 수 있고, 일반 해수욕장에서와는 다른 체험을 하게 됨으로써 더 많은 만족을 얻게 되었다.

'남대천 연어축제'는 놀거리와 느낌거리가 잘 조화를 이룬 축제로 평가받고 있다. 강물에 뛰어 들어 맨손으로 역류하는 연어를 잡는 관광객들은 동심(童心)의 세계로 돌아가 즐거운 시간을 보내기도 하지만, 연어의 일생을 통해 가슴깊이 감동을 느끼는 계기도 된다.

보령 머드축제

양양 남대천 연어축제

(5) 지역축제의 관광화 문제점

지방자치단체의 지역문화 상품화활동에서 우리는 몇 가지 문제점을 발견하게 된다.

① 제한적인 지역문화 개발계획이 수립되고 있다. 자원개발 위주의 개발계획에서 벗어나 좀더 포괄적이고 조화로운 종합계획의 수립이 요구된다. 지역문화자원의 종류는 실로 무궁무진하다. 수려한 자연자원뿐만 아니라 문화유적지 · 생활문화 등 그 지역의 다양한 삶이 모두 문화자원이 될 수 있다. 그러나 기존의 개발계획에서는 특정한 자원만이 문화자원으로 평가되어 지방의 특성을 보여 줄 수 있는 매력요인들이 무시되어 왔다.

② 민간사업자의 역할이 너무나 빈약했다. 지역문화개발도 결국에는 시장원리가 적용되어야 경쟁력을 갖춘 개발이 가능한데도 불구하고, 정부의 역할이 너무나 많은 부분을 차지해

왔던 것이다.

③ 지방자치단체의 의식문제이다. 지방자치단체는 문화상품개발에 있어 주체가 되어야 하는데, 아직도 자신들이 지방자치단체 경영의 주체임을 인식하지 못하고 있다. 지역의 경영 마인드가 아쉬운 시점이다.

④ 문화상품의 획일성이다. 대다수 지방자치단체는 지역축제를 유일한 문화상품으로 내세우고 있는데, 이는 희소성의 결여라는 측면에서도 문제가 된다. 현재 우리나라 230개의 기초자치단체에서 1,200여 개의 지역축제가 보고 되고 있는 실정이 이를 잘 말해 준다. 지역축제는 문화상품으로서 뿐만 아니라 주민화합 등 지역문화발전에도 큰 기여를 하지만, 축제 이외에 예술과 스포츠 등을 소재로 한 축제 산업, 학술모임과 회의, 박람회 유치, 국제교류와 같은 컨벤션 산업 등 다양한 고부가가치 문화상품개발에도 노력을 기울여야 한다.

⑤ 지역축제의 모방성이다. 오늘날 지역축제의 실태를 보면, 지역의 문화적 전통이나 역사성에 바탕을 두지 않고, 다른 지역에서 하고 있는 축제를 모방한 유사축제가 대부분이다. 축제가 아무리 훌륭한 문화상품이라 하더라도 지역특성을 고려하지 않은 모방적 지역축제는 엄밀한 의미에서 지역문화상품이 아니다. 이러한 현상은 지역문화축제 개발에 있어서의 전문성 부족에서 기인한다. 그 지역을 가장 잘 알고 애정을 지닌 전문가의 손에 의해 개발이 이루어질 때 가장 바람직하겠으나, 현실적으로 문화 전반에 걸친 혜안을 가지고 지역을 개발할 수 있는 역량을 지닌 전문가가 절대 부족하다. 지방자치단체가 의욕을 가지고 일을 추진하더라도 마케팅전략을 접목시켜 일을 추진할 전문기술가의 부족이 치명적인 문제가 된다. 그러므로 전문지식을 갖춘 문화기획자의 육성이 시급한 과제로 대두되는 것이다. 이에 대한 해결책

으로 우리는 앞에서 문화기획자 양성교육의 필요성과 교육방법을 제시한 바 있다.

⑥ 브랜드의 부재이다. 문화상품은 과학적인 접근과 전략적이고 체계적인 방법이 동원되어도 디자인이 훌륭한 상품을 개발하기 어렵다. 하물며 'OO문화제'와 같은 특징 없는 축제명칭이나 반상회보 혹은 플랜카드 위주의 홍보전략으로는 잠재고객을 결코 유인할 수 없다. 지역문화를 상품화하기 위해서는 지방자치단테의 상징 마크 하나에서부터 지역의 고유한 캐릭터에 이르기까지 BI를 통한 지역 브랜드 이미지 통일화 작업의 시도가 절실하다. 지역문화개발은 고도의 전문적인 작업이 필요함에도 이러한 과학적인 접근방법에 수반되는 약간의 비용부담 때문에 이를 꺼려하는 경향이 있다.

6. 축제기획서 작성법

(1) 축제기획의 개념

축제기획이란 축제 소비자(참가자·주최자 등)의 욕구를 충족시키기 위한 기초작업이다. 기획을 정확하게 하기 위해서는 먼저 관련자들이 왜 축제를 개최하고 왜 참가하는지를 정확하게 알아야 한다. 또 그들이 언제 무엇을 하려고 하는지를 명확하게 인식해야만 한다. 이런 기초적인 정보를 가지고 소비자의 욕구를 충분하게 해결해 주기 위하여 축제 전반에 걸친 기초작업을 하는 것을 기획이라고 한다. 축제기획은 미래지향적이라는 특징을 갖는다. 기획은 그 자체가 미래를 대비한 예측에 근거한 계획으로 불확실하고 위험부담을 가지고 있다.

축제기획은 축제를 어떻게 연출할 것인지에 대한 계획이고, 머릿속에서 이루어지는 과정이다. 집을 짓는 일에 비유하면, 집을 어떻게 지을 것인가에 관해 구상한 아이디어를 내는 과정을 뜻한다. 기획서는 이런 구상을 종이에 옮긴 집의 설계도와 같다. 기획과 기획서의 작성은 축제의 초기작업이면서 축제의 성패를 가름하는 결정적 요소가 된다.

기획과 관련되는 개념으로 계획이 있다. 계획은 과정을 나타낸다. 계획을 뜻하는 말로 두 단어 Plan과 Planning이 모두가 쓰이고 있지만, Plan은 과정의 결과로 나타난 안이고, Planning은 과정으로 이해할 수 있다. 계획을 과정으로 인식할 때 각 과정마다 잘못을 수정하는 환류(Feedback)가 가능하게 된다. 축제계획이란 이미 수립된 이념이나 목적을 수행하기 위한 구체적인 기획안을 말한다.

결국 과거와 현재의 지식과 경험을 바탕으로 하고, 개최하고자 하는 축제에 대한 깊은 이해를 가지고 행하면서 전체 축제의 기초를 만드는 작업이 축제기획이다.

(2) 축제기획의 의의

① 기획이 개인에 의해 이루어지기는 하지만 기획은 집단, 조직, 그리고 정부의 활동에 영향을 미치기 위해 이루어지는 사회 전체적인 영향을 고려하여 기획의 방향성을 정한다.

② 미래지향적이다. 거의 모든 경우에 기획이란 불확실성이라는 중요한 요소와 관련된 미래의 행동에 관한 것이다. 결과적으로 기획은 행동의 결과에 대한 예측과 통제에 관련된 것이다.

③ 기획이란 일상화 될 수 없는 것이다. 우리가 직면하는 많은 문제들이 모두 특수한 것들은 아니며 이들은 대부분 기존의 문제해결방법으로도 해결할 수 있는 것들이다. 그러나 우리가 기획에 의해서 해결하려는 문제들은 이러한 전형적인 문제들과는 상이한 성격을 갖는다.

④ 기획은 여러 번의 시행착오를 거듭함으로써 문제를 해결하려는 접근방법과는 아무런 공통점을 가지지 못한다. 이는 기획을 함에 있어서 결코 제한적인 방법에 의한 실험마저도 할 수 없음을 의미하는 것이 아니라 실험을 의도적이고 계획적인 전략을 세워서 함을 의미한다.

⑤ 기획은 막연히 바람직한 미래를 상상하는 것과는 다른 것이다. 기획이 이상향과 다른 점은, 기획은 그것을 달성하는 구체적인 수단을 강구한다.

⑥ 기획은 단지 계획을 수립하기만 하는 것이 아니다. 기획과 행동과의 연계는 이미 보편화되어 있으며, 기획이 나름대로의 가치를 지니기 위해서는 권한을 부여하여 계획된 전략, 활동, 사업계획, 프로그램 등을 성공적으로 수행해야한다.

이상의 기획의 이해를 통하여 축제의 속성에 접근한 기획을 본다면 성공적인 축제의 기본은 대부분 접객성을 염두에 둔다. 축제의 여러 가지 요소 중 볼거리, 먹거리, 즐길거리에 있어서 관객은 변수가 많은 요소이며 보다 전문적인 능력이 요구된다. 또한 축제를 기획함에 있어서 사회적·예술적 발전에 기여하는 목표를 갖는 것이 기본일 테지만 이에 대한 구체적인 수단과 방법이 강구되지 않는다면 올바른 기획이라 할 수 없다.

이상의 여러 가지 맥락에 근거해 기획은 사회전체적인 것, 미래지향적인 것, 비일상적인 것이며 의도적이고 전략적으로 이루어져야함과 동시에 행동에 연계되어 있는 것이어야 한다. 즉, 하나의 개념으로 기획을 정의하자면, 기획이란 복잡한 상황 하에서 발생하는 새로운 문제들을 해결함으로써 일련의 바람직한 목표를 달성하기 위해 최적의 전략을 개발하려는 의도적인 사회활동, 조직활동이라 할 수 있다. 그리고 이 활동들은 선택된 전략을 집행하는 데 필요한 자원과 권한을 수반한다.

이러한 기획은 보편적인 성격을 기초로 하여 축제의 특수성을 포괄하는 것이 바로 축제기획이다. 일반적으로 기획이란 어떤 내용을 세상에 내놓을까 하는 문제를 사전에 착상하고 계획하는 것이라 말할 수 있으며 구성을 기획서라는 형태로 만들어내는 것이다.

기획서는 문서이다. 문서를 만들 때에는 목적이 있게 마련인데 기획서의 목적은 바로 실현하기 위한 것이다.

또한 기획서는 결정권을 가진 사람들을 설득하여 내 편에 서게 함으로써 기획을 채택하게끔 만들려는 것이다. 따라서 읽는 사람의 관심을 불러일으키고 그를 움직일 만한 힘을 가지고 있어야 한다. 사람들이 읽지 않는 기획서는 제 사명을 완수할 기회조차 갖지 못한 것이고 읽어도 관심을 갖지 않고 내버린다면 여태까지 들인 노력이 헛수고로 돌아가기 때문이다. 설득력 있는 기획서를 만들기 위해서는 무엇보다도 먼저 기획을 정확하고 이해하기 쉽게 매력적으로 표현하는 것이 중요하다, 내용이 정확하지 않으면 기획서는 신뢰를 얻을 수 없다. 또 내용이 아무리 중요해도 사람들이 이해하지 못한다면 아무런 반응이 없을 것이다. 게다가 기획서 내용에 아무런 매력도 느끼지 못한다면 사람들은 더욱 냉담한 반응을 보일 것이다.

축제에서 기획이란 일반적으로 개념과 기본적 사고방식을 뜻한다. 축제 참가자는 관람자의 자세보다는 관중 또는 참여자의 태도를 갖게 되는데, 이는 참가자 자신이 프로그램의 주체나 그 구성원이 되어 행사나 축제를 오감으로 느끼면서 함께 만들어 가는 것을 의미한다. 따라서 축제는 공급자와 참가자의 필요와 요구에 따라 산출되는 새로운 커뮤니케이션 수단으로서의 역할을 갖게 된다. 즉 축제는 일정한 장소에서 사람들이 서로 만나서 접촉을 통한 상호 교류가 일어나는 능동적이며 적극적인 쌍방향의 의사전달 수단으로서의 진정한 의미가 담긴 정보를 제공한다.

축제기획에 있어서 가장 중요한 것은 축제의 목적을 전략적(장기적) · 전술적(단기적) 시각에서 구조적으로(전체로서) 파악하는 것이다. 다시 말하면 여러 가지 목적을 압축하여 명확하고 일체화시켜 정리하는 일이다. 명확한 주제를 축제의 각 요소에 철저하게 적용시키는 것이다. 규모의 크고 작음을 불문하고, 축제는 준비에서 실시, 그리고 완료에 이르기까지 각양각색의 전문영역과 기능이 결합하여 어우러진다. 그런 기능이 하나의 축제로 통합되기 위해서는 치밀한 기획 절차가 필요하다.

(3) 축제기획자의 자질

축제가 성공적으로 치러지기 위해서는 종합예술 연출가로서의 자질과 경영자로서의 안목을 소유한 기획자의 선정이 필수적이다. 능력 있는 축제기획가는 축제가 갖는 목적을 달성하고, 운영자와 참가자 및 개최지역의 주민들을 만족시키며, 재무적으로도 성공하여야 한다. 이렇게 관계자를 모두 만족시키기 위해서는 개인적으로 또 사회적으로 매우 다양한 능력을 필요로 한다. 축제기획가는 내적으로 새로운 아이디어를 끊임없이 찾아내고, 이를 실제에 적용하는 등의 능력을 발휘해야 한다.

외적으로는 각계각층에 폭넓은 인맥을 형성하고 있어야 한다. 이런 인맥은 기획가가 수행해야 하는 임무를 가능하도록 돕는 역할을 할 수 있다. 또 업무와 관계되는 많은 정보를 확보하고 있어야 하고, 확보한 정보들을 처리·정리·가공하여 자신이 활용할 수 있게 처리해 놓아야 한다. 대중이 왜 움직이고, 어떻게 하면 대중을 움직일 수 있는지 등의 일반 대중의 변화에 관한 정보를 가져야 한다.

축제기획자에게 요구되는 자질을 개인적 자질과 사회적 자질로 나누어 보면 다음과 같이 구분된다.

❶ 개인적 자질

① 기획력

축제의 목적을 달성하기 위해 축제기획가는 정보를 다양하게 수집하고, 직접적인 조사와 분석을 통하여 얻은 자료를 종합적으로 이해하고 판단하여 기획에 반영하는 능력을 가져야 한다. 축제는 그 기획단계에서 실행단계에 이르기까지 완벽을 기해야 한다. 잘못되거나 실패를 한다고 해도 고칠 기회가 없다. 기획가는 철저한 준비 못지않게 축제를 진행하면서 얻은 경험을 토대로 다음에 일어날 수 있는 문제를 사전에 예측함으로써 위험요소를 제거해 나가야 한다.

② 민감한 감성

대중적 종합예술인 축제는 보다 재미있고 흥미가 있을 때 대중적 지지를 얻을 수 있다. 따라서 축제 프로듀서는 보다 진한 감동을 연출할 수 있어야 한다. 즉 스스로가 감동할 수 있는 감성의 소유자라야 한다.

③ 참신한 아이디어

축제는 아이디어 산업이다. 따라서 축제기획가에게는 창의적인 아이디어가 항상 뒤따라야 한다. 창의적이지 못한 축제는 관객에게 아무런 흥미와 관심을 유발시키지 못하며, 답습적인 느낌을 주어 식상하거나 지루함을 느낄 수 있다.

④ 연출력

여러 출처에서 나온 창의적인 아이디어를 대중의 흥미를 끄는 연출로 디자인할 수 있는 능력을 가져야 한다. 즉 모양을 갖추지 않은 꿈을 사람들에게 차츰 현실로 보여 주는 능력이 필요하다. 또 이를 이룰 수 있는 추진력이 필요하다.

⑤ 변화 감지능력

축제는 변화를 선도하는 기능을 갖는다. 따라서 사람들은 축제에 대해 시대를 앞서는 감각을 요구한다. 축제기획가는 시대의 요청을 민감하게 파악하여 적용할 수 있는 자질을 가져야 한다. 폭넓은 지식과 시대의 흐름을 읽을 수 있는 안목과 이를 축제에 접목시킬 수 있는 논리적 사고가 필요하다.

⑥ 자신의 일에 대한 주관

축제 프로듀서는 자신이 하고 있는 업무에 대한 확실한 주관과 철학을 갖고 있어야 한다. 이런 주관을 바탕으로 관련자를 통솔하고, 업무를 추진하며, 돌발적인 상황에 대처하게 된다.

❷ 사회적 자질

① 통솔력

축제는 여러 분야의 전문가들이 참여해 하나의 목적을 위해 협동하는 특별한 과업이다. 축제에 참여하는 대부분의 사람들은 자신의 영역에서 일가를 이루고 있는 전문가는 그들이 갖는 독립성과 자부심이 있어 조화가 쉽지 않게 된다. 기획가는 예상되는 마찰을 잘 조정해서 목적과 목표를 향해 일관되게 조직을 이끌어 나갈 수 있어야 한다. 여러 분야의 전문가를 통솔하기 위해서는 우선 축제기획가가 각 분야에 대한 상당한 지식과 소양을 갖추고 있어야 한다.

② 경영자적 사고

대형 축제는 투자금액이 크고, 이에 따른 위험요소가 많은 사업이다. 축제기획가는 최소의 비용으로 최대의 효과를 얻는다는 경제활동의 논리에 입각해서 조직 전체를 운영해야 한다. 자금 · 인원 · 홍보 등 모든 업무를 효율적으로 추진하여 운영상의 흑자를 얻어야 한다.

③ 인력 관리

축제를 원활하게 운영하기 위해서는 기획자가 무대의 음향 · 조명 · 디자인 · 영상 등 필요한 분야의 전문 인력과 긴밀한 유대관계를 맺고 있어야 한다.

④ 관중동원능력

축제의 성패를 결정하는 것은 현장에 모이는 사람들의 수라고 할 수 있다. 축제기획가는 관중을 동원할 수 있는 여러 가지 방법을 체득하고 있어야 한다. 관중은 축제 프로그램의 질적 수준, 다른 축제와의 차별화, 적절한 홍보, 활발한 마케팅활동, 알맞은 개최장소와 시기 등의 조건이 어울려졌을 때 저절로 모여지게 된다. 따라서 좋은 축제를 만드는 일에 최선을 다하는 자세가 필요하다.

⑤ 풍부한 경험

훌륭한 축제기획가는 학력이나 경력 등 다른 요소보다 축제 관련 실무경험의 축적이 가장 요구된다. 실전에서 반복하여 쌓은 경험만이 실패하지 않는 축제기획을 가능하게 한다.

(4) 축제기획의 단계

축제의 기획을 올바르게 하기 위해서는 먼저 해야 할 일과 나중에 해야 할 일이 있다. 즉 기획 업무의 순서가 있다. 전문가에 따라 여러 주장이 있을 수 있지만, 다음과 같이 4단계로 나뉜다.

❶ 축제목적의 명확화

축제의 전개에 앞서 반드시 목적을 명확히 하여야 한다. 과거에는 축제의 일반적인 목적을 크게 판매촉진(Sales promotion)을 위한 것과 PR을 위한 것으로 보았지만, 요즈음은 축제의 목적이 매우 다양해졌기 때문에 일률적으로 제시하기는 어렵지만, 목적을 분명히 해야 한다는 사실만은 변함이 없다.

❷ 축제대상의 선정

축제입안의 다음 순서는 축제에 참여할 대상을 선정해야 한다. 즉 누구를 향해, 무엇 때문에 하는가를 결정하는 것이다. 전체를 대상으로 하는 축제는 그 대상집단이 불분명한 만큼 초점이 없어서 전체대상에게 만족을 주지 못한다. 따라서 대상집단은 가능한 대로 좁고 명확하게 하는 것이 좋다. 이 구분을 위해 다양한 기준이 적용될 수 있지만, 대표적인 것이 연령 · 직업 · 소득 등 인구통계학적 구분이 이용될 수 있다.

❸ 축제내용 · 형태의 결정

축제는 대상이 결정되면 어떻게 그들에게 접근할 것인가를 결정해야 한다. 축제에서의 무엇을 할 것인가는 축제내용의 결정을 말하며, 축제의 입안 · 계획에 있어서 가장 중요한 순서이다. 이로써 그 축제에 대한 평가가 좌우된다고 해도 과언이 아니다. 내용이 결정되면 다음에는 그것을 어떻게 할 것인가의 문제가 된다. 축제의 형식을 축제 · 쇼 전시회 · 컨벤션 · 세미나 및 기타 등 어느 것으로 할 것인가를 결정하고, 이어서 그 구성 · 연출을 어떻게 하는가도 결정해야 한다. 또한 단독개최 · 공동개최 및 협찬 · 지원 등과 함께 예산문제도 고려하지 않으면 안 된다.

❹ 제의 시기와 장소의 결정

① 시기의 결정

축제의 시기는 잠재방문자의 참가가 용이하도록 고려하고, 인원동원의 가능성을 검토하며, 기억하기 쉬운 시기를 정하고, 특정일자나 요일을 지정하는 등의 요소를 고려할 수 있다.

축제의 시기 결정에 대해서는 다음 사항을 고려하여 면밀히 검토해야 한다.

- 축제 장소 사용이 가능한 시점
- 홍보, 인적 · 물적 자원, 자재확보에 필요한 기간
- 경합적인 축제계획에 대한 정보의 확보
- 축제 대상 계층의 동향에 대한 파악

- 계절 · 날씨 등 자연조건에 대한 검토
- 국내적 · 국제적으로 특별한 일의 존재 유무

② 장소의 결정

축제장소의 선정은 다음과 같은 기준에 의해서 되고, 축제 참가자의 동원에 큰 영향을 주며, 나아가서는 그 축제의 성공 여부에 중요한 요소가 되기도 한다.

따라서 공간의 결정에는 다음과 같은 여러 요인을 확인해야 한다.

- 원하는 일정에, 예산범위 안에서 사용할 수 있는가?
- 시설 · 공간적으로 만족스러운가?
- 접근성은 좋은가?
- 도시인가, 지방인가, 그 지역의 이미지는 어떤가?
- 실내인가, 실외인가?
- 분위기는 어떤가, 주차장 시설은 어떤가, 쉽게 찾아 올 수 있는가, 행정관서의 지원 · 협력을 얻기 쉬운 장소인가?

특히 구체적인 대상지역을 결정하기 위해서는 다음 몇 가지 사항을 고려해야 한다.

- 접근성 : 교통편, 물리적 거리, 시간적 거리, 안전성 등
- 안전관리 : 범죄, 안전사고 등
- 수용가능성 : 대규모 군중의 수용, 차량의 수용, 먹거리 등 보조적 시설의 수용 등
- 집중의 가능성 : 행사장이 한 곳에 집중되어야 방문유도가 가능

- 전용시설 또는 장소의 확보 : 특히 연례적인 경우, 기념관 등으로 병용가능성 및 일반시설의 일시적 전용에 대한 고려

(5) 축제기획의 내용

축제의 성공적 개최를 위해서는 적절한 계획이 중요한데, 여기에는 적절한 자원의 배분, 예상되는 문제점에 대한 대비, 목표를 달성하기 위한 전략 등의 내용이 포함되어야 한다. 이런 업무를 종합적으로 관리하는 업무가 기획이다. 축제를 성공시키기 위해서는 좋은 기획이 전제가 된다. 축제기획은 축제와 관련된 모든 내용을 정확히 파악하고 있어야 한다. 즉 자신의 강점과 약점, 동원 가능한 인원의 질과 양, 자금, 시간 등에 관하여 정확하게 알고, 그것들을 어떻게 이용하여 계획하는 데에는 몇 가지 기본적인 기획 요소가 있는데, 이는 시간 · 공간 · 템포 · 프로그램으로 구분할 수 있다.

❶ 시간기획

시간관리의 중요성은 강조되고 있다. 시간을 기획한다는 것은 얼마만큼의 시간을 사용할 수 있는가에 관한 것이다. 축제를 기획할 때 가장 먼저 하는 것이 행사를 언제, 그리고 얼마동안 치르는가에 대한 것이다. 이는 물론 의뢰자의 요구에 입각되어 결정된다. 얼마만한 시간을 기획과 제작에 쓸 수 있느냐 하는 것은 축제에 드는 경비와 승패에 결정적 변수가 된다. 그러나 이것 못지않게 중요한 것은 그 시간을 어떤 식으로 쓰느냐 하는 것이다. 아주 짧은 시간일지라도 어떠

한 방식으로 관리하느냐에 따라 축제의 효과 · 능률 · 수익에 상당히 큰 영향을 미치게 된다.

관리의 대상이 되는 시간은 축제의 운영에 이용되는 전체 시간은 물론, 기획을 위한 시간, 운영을 위한 시간, 사후정리를 위한 시간 등이 있고, 그 외에 각 단계에서 나타나는 여분의 시간이 있다. 시간의 양적인 관리도 중요하지만 질적인 관리 역시 중요한 의미가 있다. 같은 양의 시간이라도 그것을 어떻게 활용하느냐에 따라 성과가 달라지기 때문이다. 진행상의 시간계획은 물론, 정확성(출연자의 도착 및 대기시간 기자재의 준비 등), 이동을 위해 필요한 시간의 관리(무대, 화장실, 자재이동, 탈의실, 음악의 사전 공 테이프 소요시간, 공연시간 등) 등을 철저히 관리하여야 한다. 시간의 낭비를 없애기 위해서는 업무의 합리적 분담과 담당자, 지휘 및 감독자 등을 체계적으로 연결하는 조직의 구성과 관리가 매우 중요한 의의를 갖는다.

투입한 시간을 계산할 때는 대개 사전 고객상담, 현장점검, 유관 단체 및 관계자와의 협의, 각종 통신연락 및 계약준비 등 준비과정에 들어 간 시간과 축제 관계자들의 현장 도착시간, 연주자나 출연자들에게 시작 시간, 중간 휴식시간, 그리고 행사종료시간 등 본 행사 시작부터 종료까지 축제 소요시간 그리고 사후 투입시간을 고려한다.

❷ 공간기획

공간을 기획하는 데는 길이 · 넓이 · 깊이 등 외형적인 수치와 매우 중요하다. 그러나 이에 못지않게 표면구조, 충격이나 무게에 견디는 정도, 표면, 재질, 내 · 외부 방벽, 소음처리, 편의시설과 빌딩의 가용성, 또는 자문을 구할 시설관리자 등도 중요한 고려요소가 된다.

축제 개최공간을 결정하는 데 고려해야 할 중요한 요소로는 다음과 같다.

- 길이 · 넓이 · 깊이에 대한 고려
- 배경이나 바닥 등의 재질
- 평지, 산, 배경의 경치, 주변의 건물이나 도로 등의 상황
- 화물이동과 통로의 크기 및 통과차량 등
- 출입문 · 탈의실 · 휴게실 · 회의실 등의 거리와 동선 및 이동 소요시간
- 각 공간의 이용가능행동
- 관중의 편리 · 안락 · 쾌적성 등의 여부
- 주차 등 보조시설
- 수용능력
- 조명 · 배경세트 등 기자재의 이용가능성
- 전력 · 수도 등과 긴급상황 발생시 이용 가능한 보조시설

❸ 속도기획

속도기획이란 축제를 진행하는 속도에 관한 기획을 의미한다. 축제의 진행은 과학 기술의 발달로 축제의 진행속도가 점점 빨라지고 있으나, 빠르다고 해서 반드시 좋은 것은 아니다. 가장 바람직한 것은 빨라야 할 때 빠르고, 느려야 할 때에 느릴 수 있는 템포 조절이 중요한 것이다. 즉 기획자의 예술적 감각에 의해 상황에 맞게 조절되어야 한다.

❹ 프로그램 기획

축제가 방문자에게 만족을 주기 위해서는 많은 활동이 잘 어우러져야 한다. 이렇게 어우러질 수 있는 여러 활동의 기획을 프로그램 기획이라고 한다. 즉 각각의 하위행사를 준비하는

것도 중요하지만, 그것이 전체 축제의 목적을 이루는 데 도움이 되도록 서로 간에 조화를 이루도록 하는 활동이 축제에서는 꼭 필요하다.

프로그램이란 축제를 구성하고 있는 다양한 요소들을 일컫는 것으로서 물리적 측면과 활동적 측면으로 이루어진다. 즉 프로그램은 대규모의 일반대중이나 선택된 참여자 및 표적 관중들에게 위락적 참여의 잠재력을 제공하는 과정으로 구성되어 있다. 이것은 스포츠 · 게임 · 취미활동 · 예술 · 공예활동 · 음악 · 연극 · 춤 등과 같이 다양한 유형의 활동들로 이루어져 여가활동을 추구하는 참여자의 욕구에 부응하는 역할을 수행한다.

그러나 프로그램은 그 자체가 목적이 될 수 없으며, 참여자들에게 만족스러운 여가 서비스를 배분하는 전문적 수단이어야 한다. 따라서 참여자는 프로그램을 통해 참여활동에 대한 가치를 형성하고, 기술을 개발하며, 그 과정을 학습하게 되는 것이다. 파렐 등은 프로그램은 첫째, 인간이 참여하는 활동이며 둘째, 활동경험을 갖게 하는 시설이고 셋째, 이러한 경험을 촉진시킬 수 있는 지도력으로 구성되어 있다고 주장하였고, 에딩턴은 지도력 대신에 촉진 및 정보요소를 대체하고 있다고 하였고, 이렇게 볼 때 프로그램은 조직적이며 의도적인 활동을 어떤 양식에 따라 펼쳐 놓은 것으로 개인이나 집단이 바람직한 결과를 달성하기 위해 질서 있고 정교한 방식으로 설계된 것이다.

결국 프로그램이란 개인이나 집단에게서 어떤 형태적 결과를 유도해내기 위해 치밀하게 설계하고, 그 구성을 조직화한 목적수행용 중재안의 기능을 갖는다. 따라서 축제관광의 프로그램은 개인이나 집단적 관광자의 만족과 바람직한 관광형태를 이끌기 위해 사전에 질서 있고 조직적으로 계획하여 의도적으로 실행하는 참여자와 공급자 및 선도자들의 행동계획안이라고 할 수 있다.

(6) 축제기획서 작성

❶ 축제기획서의 작성의 원칙

축제기획서의 작성에 있어서 꼭 어떠해야 한다는 표준형은 없다. 축제의 크기와 일시 및 목적 등 상황에 따라 만들고, 읽는 사람들이 쉽게 접근하는 것이 중요하다. 기획서는 자신의 의견을 남에게 설득시키기 위한 자료로 개성 있고 내용이 충실하며 새로운 아이디어를 제시하는 것이 좋은 기획서이다.

축제는 기획·제작·연출로 이루어지는데, 기획은 모든 과정의 출발점이고, 실행을 위한 지표이다. 기획의 요체는 아이디어 창출, 기획서 작성, 프리젠테이션이다. 그 중에서도 남들을 설득하기 위한 기획서의 역할은 중요하다. 즉 두꺼운 기획서가 좋은 것은 아니며, 기획서를 읽는 사람이 한 눈에 모든 내용을 파악할 수 있도록 간단명료해야 한다. 좋은 기획서는 내용뿐 아니라 구성의 아름다움도 필요하고, 알기 쉬운 표현을 활용하여 기획서를 읽는 사람 누구나가 쉽게 이해할 수 있도록 하고, 사진이나 도면 등 기획서의 이해에 도움이 되는 자료를 첨가하고 활용할 수 있어야 한다.

축제기획서는 축제의 설계도와 같은 기능 외에도 기획가의 경우 축제 주최자로부터 축제 기획·운영을 수주할 수 있는 결정적인 자료가 된다. 이와 같은 기획서는 다음의 기능을 가진다.

- 기획설명서로서의 역할
- 기획에 대한 비즈니스 파트너의 모집요강으로서의 역할
- 기획추진에 있어서의 체크리스트 역할

② 축제기획서의 작성과정

축제기획서는 도입단계, 기본계획 수립단계, 실행계획 수립단계, 실시단계, 평가단계의 다섯 단계의 과정을 거쳐 작성된다. 또한 축제기획서는 축제를 기획하는 기초적 내용을 개략적으로 밝히는 기본 기획서와 축제를 기획하는 기초적 내용을 개략적으로 밝히는 기본 기획서와 축제운영의 구체적인 방법과 운영 매뉴얼 및 진행 시나리오를 가시화시키는 문서인 실행기획서로 나뉜다.

① 기획서 작성의 기준

축제는 기본적으로 축제에 관한 기획 · 제작 · 연출로 이루어진다. 여기서 기획은 모든 축제 과정의 출발점이고, 실행을 위한 기준점이다. 기획의 요체는 아이디어 창출, 기획서 작성, 프리젠테이션이라고 할 수 있는데, 그 중에서도 기획서를 참신하게 작성하지 못하면 사람들을 설득하거나 동참시킬 수 없다. 축제기획서를 작성하려면 제일 먼저 '왜, 무엇 때문에 이러한 축제를 시행하려는 것인가'라는 것을 분명히 파악하는 것이다. 이런 물음을 기초로 아이디어를 찾고, 계획을 수립하고 실행하는 단계를 밟게 된다.

② 기획서의 구성

일반적인 기획서 구성 및 순서는 아래와 같이 개략적으로 정리한다.

기획서의 구성

순서	내용
1	표지, 축제의 제목 및 부제목, 제출회사명, 기획회사명, 날짜 등
2	기획서의 목차
3	취지 · 서문 · 기획의도 등으로 전체의 개념을 설명한 부분
4	행사개요부분으로 주제 · 일시 · 장소 · 대상 · 인원 · 주최 · 주관 · 협찬 · 후원 등을 기재
5	행사장의 전경을 그린 그림이나 출연자 및 출품물의 사진 등 시각적인 부분을 삽입
6	공연식 축제는 상세한 공연 프로그램을, 전시형이라면 전시장 설치 약도 등 축제 행사장 모습의 구체적 묘사
7	홍보와 관련된 기획안
8	축제 행사장의 분위기 고조를 위하여 별도로 생각한 부대적인 아이디어
9	본 행사 외에 가능한 옵션기획을 제시, 해당 축제에 꼭 필요한 내용 제시
10	기획사의 연혁과 프로필 및 주최자 프로필 등
11	임대료, 출연료, 운송료, 장치장식료, 음향, 조명, 행사장대관료, 경비, 보험, 인건비, 기획비 등이 기재된 상세한 견적서
12	행사와 관련된 자료를 첨부

③ 기획서 작성

일반적으로 남에게 자신의 의견을 전달하기 위한 기술은 6하 원칙(5W 1H)에 의하게 되지만, 축제기획서는 6W 3H에 입각해 기술한다.

6W 3H	6W	When(실시 날짜와 시간)	주최측의 사정, 관련분야의 상황(바쁜 시기, 결산기), 장소의 형편, 참석자의 편의, 경합 축제의 유무 등 반영하는 내용
		Where(계절별 · 요일별 · 날짜별 장소 선정)	지역적인 문제 및 장소선정에 관련되는 내용
		Who(주최 측을 명확히)	축제를 누가 주최하는가에 관한 내용
		What(구체적인 내용)	축제에서 어떤 내용의 행사가 이루어지는가를 분명하게 밝히는 내용
		Whom(대상을 분명하게)	누구를 위하여 이런 행사가 이루어지는가를 분명하게 밝히는 내용
		Why(대외명분 확보)	축제개최의 이유를 명백하게 밝히는 내용
	3H	How(실시가부의 결정사항)	예정된 행사를 어떤 방식으로 치루어 낼 것인가를 알려주는 내용, 전문업자에게 위탁할 부분과 자신들이 직접 작업해야 할 부분 등
		How Long(실시기간)	축제 실시기간 및 세부행사의 시기 등을 분명하게 알려주는 내용
		How Much(비용산출)	비용이 얼마나 소요되는지에 관한 내용

(7) 축제 기본기획서의 내용

축제의 기획서는 축제를 원활하게 운영하기 위해서 필수적인 문서이다. 기획서는 축제운영에 관계하는 사람들 누구나 분명히 이해할 수 있도록 명확하게 기술되어야 한다. 축제기획서에 포함되어야 할 내용은 축제에 따라 다르지만, 기본적으로 다음과 같이 구성하는 것이 좋다.

❶ 기획의 취지

시장상황의 설명, 축제시행의 배경, 축제 주최자가 축제를 통해서 해결해야 할 과제(문제점 및 대책)와 목적, 축제의 형태를 제시하고 그것을 제안한 이유나 배경에 대한 설명을 한다. 여기에는 축제를 기획함에 있어 달성하고자 하는 명확한 목적이 요구된다. 목적이 선명하면 축제 진행자들이 일의 추진방향을 명확히 이해하게 되고, 돌발적인 상황이 발생하거나 문제가 일어났을 때에 신속하고 정확하게 대처할 수 있다. 축제를 시작하는 사람들은 보통 축제의 기술이나 장치에 치중하는 경향을 보이나, 축제 분야에 오래 몸담을수록 의의나 목적, 또는 목표에 고심하는 경향을 보인다.

방향이나 방침이 기본 기획서에 필요한 경우도 있고, 그렇지 않은 경우도 있다. 필요가 없는 부분이라면 과감하게 삭제하는 것이 좋으나, 필요하다면 철저하게 갖추어야 한다. 기획에서의 방향은 의의나 목적을 보다 더 구체화하고 개념을 정해 준다. 최근 기획서의 방향은 컨셉으로 정리되기도 한다. 방침은 방향보다는 행사에 대해 더욱 구체적으로 어떤 상황에 대한 기준을 제시해 주기 때문에 실무자가 축제를 진행할 때 판단의 기준이 된다.

❷ 축제의 개요

① 명칭

축제의 컨셉을 구체화시킨 매력적인 이름이 바람직하다. 축제를 기획할 때 가장 중요하게 생각해야 되는 것은 어떻게 사람들의 관심을 끄느냐가 중요한 일이다. 이러한 관심을 유발하게 하는 것이 바로 행사명이다. 이름을 통하여 사람들이 축제에 대해 기대감이 생기도록 해야 한다. 무엇을 어떻게 하겠다는 것인지 애매모호한 작명은 곤란하고, 행사명을 꼭 한 가지로 해야만 되는 것은 아니고, 필요하다면 기획서 행사명과 대외용 행사명이 다를 수 있다.

최근에는 행사 기획서에 '슬로건(Slogan)' 형태의 주제나 부제를 사용하는 것을 볼 수 있다. 주제를 대회적인 행사명의 형태로 사용하는 경우도 있으며, 행사의 개요가 별도 항목으로 사용되지 않을 때에는 주제 및 부제가 그 행사의 컨셉을 대신하기도 한다. 행사의 주제나 부제도 행사 전체를 한 마디로 표현할 수 있도록 작성한다.

② 시기

축제의 실시시기 · 실시기간 · 기간선정 이유 등을 표시하여야 한다. 기간을 표시할 때 메인 축제의 일정만을 작성하는 일이 있는데, 축제의 기본 기획서에 부대행사일정도 표시하는 것이 좋다. 기획서에 표시되어야 하는 기간이 수일 및 하루 또는 몇 시간일 경우도 있고, 어떤 경우는 시작시간과 종료시간을 명확히 표시하여야 하며, 준비 및 철수기간이 있을 때에는 중요한 내용의 일정만을 표시하고 그 외에는 별도 일정표를 작성하는 것이 바람직하다.

③ 장소

축제 장소・공간의 크기, 장소의 연출 등을 분명하게 기록해야 한다. 축제의 현장이 한 장소일 수도 있지만, 동시에 여러 장소에서 실시하거나 아니면 장소를 이동하면서 실시할 수도 있다. 또한 장소가 포괄적인 지역에서 각 아이템별로 별도 장소가 있을 경우 전체적으로 행사지역을 표기하고 아이템별 행사장소를 표기하여야 한다. 축제의 장소는 모두가 인지 할 수 있는 유명지형지물을 이용하여 착오를 일으키지 않도록 표시하여야 한다. 필요한 경우 행사장의 약도나 행사장 일람표를 첨부하도록 한다.

장소선택의 10가지 체크 포인트는 다음과 같다.

- 행사장이 있는 지역의 이미지
- 원거리 손님의 교통편(행사장의 지명도)
- 근거리 손님의 교통편
- 행사장 근처의 유명건물 밀집상황
- 행사장 근처의 상가현황
- 정보전달의 편리성(예 : 공중전화 등)
- 행사장이 지니는 화제성
- 행사장의 이미지
- 관객의 행사장 방문경험(곧바로 행사장을 찾아 올 수 있는가?)

- 행사장의 부대시설(예 : 회의하기 적당한 장소가 있는가?)

④ 대상

보통 대상을 표적관중(Target Spectator) 또는 People(to whom)이라고 하는데, 대상을 정확히 하는 것이 중요하고, 대상을 제1 · 제2차로 구분[02]하거나(primary target, secondary target), 대상 프로파일(target profile)[03]을 작성해 관리하는 것이 좋다.

⑤ 추진체계

누가 축제를 책임지고 수행해 나가는가 하는 조직을 구성하여야 한다. 즉 주최 · 주관 · 후원 · 협찬 · 협력과 같은 조직체의 구조나 조직위원회 · 운영위원회 · 집행위원회의 조직표를 만들어 제시한다. 이 때 특히 업무영역은 추진체계를 보고 혼선 없이 바로 알 수 있도록 정리되어야 한다. 축제의 참가자들이 일을 할 때 추진체계를 보고 어디로 가서 업무협조를 받아야 할지를 모른다면 조직체계를 과감히 변경하거나, 조직명칭을 바꾸어 보는 것도 생각해야 한다. 축제에서 일반적으로 사용하는 추진체계는 주최 · 주관 · 후원 · 협찬 · 협력 등의 용어를 사용하는데, 주최는 행사의 대외적인 책임을 지는 의미로, 주관은 실제로 그 일을 실행하는 조직을 말하며, 후원이나 협찬은 행사를 도와주는 조직체계를 의미한다.

02 Primary Target은 목표로 하는 가장 중심이 되는 표적시장이고, Secondary Target은 Primary Target보다는 특성이 모호한 주변집단을 의미한다. 예를 들어 서양문화를 선호하는 젊은 사람(예 : 18~24세 여성)을 Primary Target으로 한다면, Secondary Target은 나이가 조금 더 많고 특성이 약한 집단, 즉 변화에 쉽게 적응할 수 있는 사람(예 : 16~30세 여성)이 된다.

03 Target Profile은 대상집단의 행동특성을 의미한다. 예를 들면, 찢어진 청바지를 입고, 남의 구속을 싫어하는 사람 등

⑥ 축제 프로그램

컨셉을 전개해 나가는 과정과 방법을 기술하여야 한다. 즉 프로그램 구성 및 연출계획을 알기 쉽게 작성하여 제시한다. 세부실행계획에 해당하는 부분으로 공연의 경우 공연 프로그램일 수도 있고, 회의 축제는 회의내용이 될 수 있으며, 전시 축제의 경우 전시구성에 해당하는 것이다. 그 내용이 가장 잘 표현될 수 있는 다양한 방법으로 형태에 구애 받지 말고 작성하면 된다.

⑦ 홍보기획

홍보 컨셉, 포지셔닝(Positioning), 매체, 매체별 특성, AD Map(advertising map : 광고를 위한 스케줄) 등의 내용을 제시한다.

⑧ 비상대책

발생이 예상되는 모든 비상상황과 대책, 화재 및 응급환자의 발생에 대한 대책, 기후의 영향으로 행사진행이 어려울 때, 참가자의 과다참가에 대비한 비상조치 등으로, 경우에 따라 별도의 대책을 수립하여 유지하고 실시하기도 하지만, 운영 및 진행계획에 포함시키기도 한다.

⑨ 운영 및 진행

행사일정 관리, 개장 및 폐장, 행사장 관리, 운영 · 진행요원 교육 및 배치, 초청인사 대책 및 안내계획, 관람객 유도 및 동선계획, 청소, 쓰레기 처리, 경비관계, 위생 및 의료관계, 차량 유도 안내 및 주차장 관리 등 행사에 관한 세부 진행방법을 말한다.

⑩ 관련기관 협조관계

축제를 실시하고자 하면 다양하고 수많은 내용의 대외적 협조가 필요하다. 예컨대, 이용시설의 관리자나 행사장 안전문제, 쓰레기, 교통통제 등 관계자들의 협조를 받아야만 축제의 진행이 가능한 경우가 많이 있다. 또한 축제홍보를 위한 언론사의 협조나 후원을 얻는 것도 필요하다. 그러나 주의할 것은 유사업종이나 경쟁관계에 있는 기업 등으로부터 중복후원을 얻는 것은 피해야 한다. 축제의 규모가 커지면 커질수록 정부나 지방자치단체 등의 협조가 유리할 때가 많으며, 이들 기관의 협조를 구하는 방법은 각 기관별 전담부서를 통한다.

❸ 예산

축제의 개최목적은 다양하게 제시될 수 있고, 대부분의 축제의 주목적은 금전적 수익을 얻는 것과는 거리가 있다. 그러나 비용과 수입을 예측하고 현금의 흐름을 예상하여 자금을 적시에 준비하고 투입하는 등의 예산업무는 기획에 있어서 중요한 위치를 차지한다. 일반적 기업회계보다는 단순하지만 적절한 항목의 구분과 물품의 수량·단가 등을 상세히 기록한다.

기본 기획서에 예산편성은 수입예산과 지출예산을 함께 편성하여야 한다. 축제 중에서도 흥행성 축제의 수입예상은 가늠하기 힘들지만, 예상수립을 계산하여야 한다. 축제 실시경력이 쌓여지게 되면 축제 지출예산의 오차를 줄일 수 있으나, 항상 상황이 바뀌고 똑같은 경우가 없는 축제의 예산은 예산항목을 빠짐없이 설정하였는가가 더욱 중요하다.

우리나라에서 축제 주최자가 세금의 원천징수자가 되는 경우에 출연료, 전시물임대료, 외국인의 체재비·항공료 등은 세금을 원천징수해야 하므로(계약서의 작성 시 이 부분을 명기) 별도항목을 설정해야 한다. 만약의 경우를 대비해 보험료도 책정하는 것이 좋다. 행사에 사용되는 고가품에 대한 도난·훼손에 대비한 보상보험이라든지, 참가자의 상해에 대한 상해보험 등 축제 진행 중 일어날 수 있는 위험이나 손해를 대비하여 보험료 항목을 책정하여야 한다. 필요한 경우 원작사용료와 저작권료 등도 검토하여야 하며, 동일한 내용이 없는 축제의 특성을 감안하여 예비비항목을 전체예산의 10% 범위에서 확보하는 예산편성을 한다.

④ 일정표

축제의 준비에서부터 사후처리까지를 일괄하여 볼 수 있도록 전체일정을 요약해 놓는다. 업무추진일정을 가능한 도표로 작성하여 제시하면 더욱 효과적이다.

⑤ 부가적 제안이나 첨부서류

축제와 직접적인 연관이 없더라도 주최자나 관람자 또는 다른 관계자에게 이익이 도움이 되는 제안이나 축제와 연계를 지으면 크게 득이 될 사항을 부가해서 제안할 수 있다.

또한 기획서에 포함시키기는 부적합한 도표나 자료, 행사장배치도, 별책이나 사진, 회사소개서 등은 후면에 첨부시키거나 별도의 자료로 첨부시킬 수 있다.

7. 기획서 작성의 실제

(1) 실행계획서의 작성

실행계획서는 축제의 기본계획서를 바탕으로 구체적으로 작성된다. 여기에는 장소계획, 전시물 설치계획, 스테이지의 제작, 프로그램의 정리, 고지, 홍보, 동원전략, 운영 등의 내용이 구체적으로 기술된다. 특히 장의 요소(장소, 디자인, 전체 이미지, 동선배치, 시설 및 설비 등)와 감동의 요소(시간의 흐름에 따른 감동의 변화와 climax 및 finale)에 대한 연출이다.

연출계획에 대한 보완은 운영 매뉴얼과 진행 시나리오 및 긴급시 대책으로 이루어진다. 운영 매뉴얼은 전시, 공연, 지휘계통, 긴급시 대책, 개인의 임무, 임무교대요령, 업무추진 순서와 일정표, 리허설 계획 등으로 짜여지는데, 축제의 형식과 규모, 주최조직과 목적에 따라 변화할 수 있다.

축제 실행계획서의 내용(예)

1. 개최요령	① 명칭 ② Theme ③ 기본 Concept ④ 회기 ⑤ 장소 ⑥ 표적관중의 구체화 ⑦ 개최시기 및 날짜 ⑧ 후원 ⑨ 협찬 ⑩ 협력 ⑪ 조직
2. 장소계획	① 개요 ② Design ③ 전체구성 ④ 전체 Image ⑤ Zoning ⑥ 동선 ⑦ 시설-설비 ⑧ Tent 축제 Stage ⑨ 공사공정 ⑩ 기타
3. 전시계획	① 개요 ② Design ③ 전체구성 ④ 실내구성 ⑤ 영상 Soft ⑥ 영상 Hard ⑦ Booths 구성 ⑧ 특수장치 기기 ⑨ 전시 Soft ⑩ 전시 Hard ⑪ 기타
4. 행사계획	① 개요 ② Design ③ 전개, 장소 ④ 연출구성 ⑤ 내용 ⑥ 출연자 ⑦ Staff ⑧ 미술, 장식, 음향, 조명, 영상 Plan ⑨ 특수기기 ⑩ 프로그램 일정표 ⑪ 기타
5. 고지·홍보 동원계획	① 개요 ② 전략 ③ Design Visual System ④ Tool 제작 ⑤ Mass광고 Publicity ⑥ 인쇄물 ⑦ 옥외광고 ⑧ Premium Novelty ⑨ 관련 축제 ⑩ Campaign ⑪ 동원 대책 ⑫ 교통수송대책
6. 예산계획	① 수입내용 ② 지출내용 ③ 관리 Format ④ 출판 Mat ⑤ 기타
7. 운영계획	① 정보, 명령, 지휘, 통제, 조직도 ② Staffing과 계약 ③ Casting과 계약 ④ 발주와 계약 ⑤ 저작권 및 법률 ⑥ 교육 Orientation ⑦ 비상대책 ⑧ 기타

축제기획서 작성순서

시대적 상황분석에 의한 행사 의뢰

발주자 · 주최자의 기획의도를 듣는 작업(orientation)

기획위원회 구성

브레인스토밍을 통한 아이디어 구상, 기본계획 작성

1차 기획서 작성

발주자 · 행사주최자와의 검토 · 수정 · 보완작업

2차 기획서 작성

자체 검토작업

프리젠테이션

발주자 · 주최자 행사의뢰 결정

구체적인 실무접촉을 통한 계약조건 확인

계약서 작성

기획업무 본격적 시작

(2) 축제기획사례(천안 흥타령축제 2005의 예)

❶ 축제 기본요소

① 축제 개요

천안 흥타령축제 2005 연출단

- 시민 모두 주인공이 되어『참여자 편안・관객만족』하는 축제를 준비
  ⇒ 춤 경연・거리퍼레이드를 양축으로 하는 성숙된 축제 운영
- 기간 : 매년 9. 30(목) ~ 10. 3(일)(4일간)
- 장소 : 삼거리 공원, 아라리오 광장, 시청→아라리오광장(2.0km)
- 주최・주관 : 천안시, 천안시 문화예술선양위원회(천안문화원)
- 연출・진행 : 호서대학교 청소년 문화상담학과 부설 (주)호서 이엔씨

② 축제 상징

천안 흥타령축제 심벌마크

- **심벌마크(Symbol Mark)**

기존 사용하던 천안삼거리문화제 이미지를 시대적 감각에

걸맞게 수정·보완하여 새롭게 정하였다. 상징적 의미는 천안삼거리의 전통적인 이미지를 흥타령을 디자인 컨셉으로 하여 춤 축제의 분위기를 강조하였으며, "능소와 박현수"="전통과 미래"=21세기 새로운 천안의 이미지로 접근시켰다. 전체적으로 젊은 남녀의 흥겨운 춤사위는 축제의 주제인 춤을 상징하며, 버드나무의 시각적 표현은 지역적 특성을 강조하였으며, 시민은 물론 어느 곳 누구나 <다함께 흥겨운 춤>으로 미래의 흥타령을 통한 젊음 천안의 꿈과 희망을 표현하였다.

• 로고타입(Logo Type)

천안 흥타령축제 2005 로고타입

단아체를 기본으로 하여 전체 글씨체의 이미지는<다함께 흥겨운 춤을> 통한 <흥타령> 춤 축제의 이미지를 상징하였으며, 각종 서류양식, 문서 등 공식적인 명칭 표기에 사용한다.

천안 흥타령축제 2005 로고마크

• 로고마크(Logo Mark)

행사의 주제인 <흥타령>을 강조한 장식적인 글씨체로 디자인하여 독창적인 조형성을 표현하였다. 각종 홍보매체·홈페이지·인터넷 사이트·선물용품·기념품·팜플렛·포스터·스티커 등 다양한 홍보물과 축제 행사에 적용시켜 흥타령 축제의 이미지를 강조하였다.

•캐릭터(Character)

ⓐ 축제기획 환경에서 제시되는 것처럼 <능소 박현수 설화, 버드나무, 햇불낭자> 등 천안삼거리와 관계되는 요소들을 다함께 흥겨운 춤을 통한 <흥타령> 춤 축제를 강조하는 동작.

버들이와 버순이

ⓑ 특히 캐릭터는 축제의 브랜드 이미지이며 마케팅 전략에 의한 상품적 가치를 지니므로 독창성과 보편성에 그 기본을 두고 더욱이 캐릭터 상품의 주 고객이 청소년들이라 점에서 새롭고, 재미있고, 다양한 모양의 차별화된 홍보용 축제 상품으로 디자인.

③ 포스터

ⓐ 춤과 함께 어우러지는 축제의 느낌을 살려내는데 주력

ⓑ기존의 흥타령축제의 캐릭터와 농악의 상모돌리기에서 뿜어 나오는 띠의 색채적, 율동적 라인의 요소로 모든 사람이 한데 어우러질 수 있는 축제의 본래적 의미를 부각시킴

❷ 축제기획방향

① 기획 의도

ⓐ 기본 테마

- 『천안삼거리』 옛 고유정서를 담아내는 → "특성화" 된 축제

- 과거 · 현재 · 미래를 넘나들며 발전하는 → “희망” 있는 축제
- 시민 스스로 만들고, 모두가 참여하는 → “열려” 있는 축제

ⓑ 주제 : “다함께 흥겨운 춤을!” – Let’s Dance in cheonan! –

- 천안의 흥타령 민요를 현대감각에 맞게 접목하여 다양한 춤과 음악으로 한데 어우러진 춤을 흥겹게 풀어내어 신명 · 감동 · 화합의 장을 이뤄내는 내용

홍보 포스터

홍보물

ⓒ 지향 목표

- 관람위주 소극적 참여의식 → 직접 축제 주인공이 되는 적극성 함양
- 축제 브랜드화를 통한 → 천안이미지 홍보 및 관광 마케팅화
- 국내 최고 『관광축제』 지정 → 지역 경제 활성화 동력 창출

❸ 축제 프로그램 구성

① **프로그램 총괄**

<table>
<tr><th>시간
장소</th><th colspan="2">장소</th><th>10시</th><th>11시</th><th>12시</th><th>13시</th><th>14시</th><th>15시</th><th>16시</th><th>17시</th><th>18시</th><th>19시</th><th>20~23시</th></tr>
<tr><td>9.30
(목)</td><td colspan="2">천안시청~
아라리오 광장</td><td></td><td></td><td></td><td></td><td></td><td></td><td></td><td colspan="2">거리
퍼레
이드</td><td></td><td></td></tr>
<tr><td>10.1
(금)</td><td>삼거리
공원</td><td>주
무
대</td><td></td><td></td><td></td><td colspan="4">민속놀이경기</td><td colspan="2">소리극
능소전
국악,
관현악연주
째즈,
오케스트라</td><td>개
막
식</td><td></td></tr>
<tr><td rowspan="2">10.2
(토)</td><td rowspan="2">삼거리
공원</td><td>주
무
대</td><td>농악</td><td>무 용
공연</td><td colspan="2">국악관연악단
시립합창단
석가장시</td><td colspan="7">춤 경연 예선(학생부, 일반부)
능수리, CRANE & Sun.C.A, 레몬트리 밴드,
색소폰 오케스트라, 플룻화이어, 헤어쇼,
문등시 예술단 공연</td></tr>
<tr><td>보조
무대</td><td colspan="4">사물놀이, 밴드 및 춤 신청자공연</td><td>도전
천안
박사</td><td colspan="3">전국민요경창대회</td><td colspan="3"></td></tr>
</table>

<table>
<tr><th>시간
장소</th><th colspan="2">장소</th><th>10시</th><th>11시</th><th>12시</th><th>13시</th><th>14시</th><th>15시</th><th>16시</th><th>17시</th><th>18시</th><th>19시</th><th>20~23시</th></tr>
<tr><td rowspan="2">10.2
(토)</td><td>삼거리
공원</td><td>영남루
주변</td><td colspan="9">애완견달리기, 축제그리기, 전통차, 페이스페인팅, 네일 아트, 투호던지기, 판화 찍기, 물레체험, 손찍기, 천연염색, 요술풍선, 건강검진 석고인간 거리화가, 축제사진전시, 키다리 삐에로, 곤충생태체험</td><td colspan="2"></td></tr>
<tr><td colspan="2">아라리오 광장</td><td></td><td>농악
문등
시</td><td>마당
극
능소
전</td><td colspan="6">춤 경연 예선(혼성부) 국악합주, 국악관현악, 시립합창단연주, 석가장시</td><td colspan="2"></td></tr>
<tr><td rowspan="4">10.3
(일)</td><td colspan="2" rowspan="3">삼거리
공원</td><td>주
무
대</td><td colspan="2">마당극능소전,
문등시
deadzone공연</td><td colspan="2">춤경연 본선
(일반부)
Sharp Musician
High Wire</td><td colspan="2">춤 경연결선
(학생·혼성부) 뫼비우스,
헤어쇼,
석가장시</td><td colspan="4">결선(일반부)
종합결선
국악의소리
시상식</td></tr>
<tr><td>보조
무대</td><td colspan="3">농악
밴드 및 노래 신청자
공연</td><td colspan="2">도전 천안박사,
신청공연, 즉석노래자랑</td><td colspan="5"></td></tr>
<tr><td>영남
루
주변</td><td colspan="6">축제그리기, 전통차, 페이스페인티, 네일아트, 투호던지기, 판화 찍기, 물레체험, 손찍기, 천연염색, 요술풍선, 건강검진 석고인간 거리화가, 축제사진전시, 키다리 삐에로, 곤충생태체험</td><td colspan="4"></td></tr>
<tr><td colspan="2">아라리오 광장</td><td>아라
리오
광장
무대</td><td colspan="2">농악,
나랏소리</td><td colspan="3">본선(혼성부)
석가장시, 헤어퍼포먼스, 문등 시,
풍경이 있는 소리, 시립합창단</td><td colspan="5"></td></tr>
</table>

② 조직도

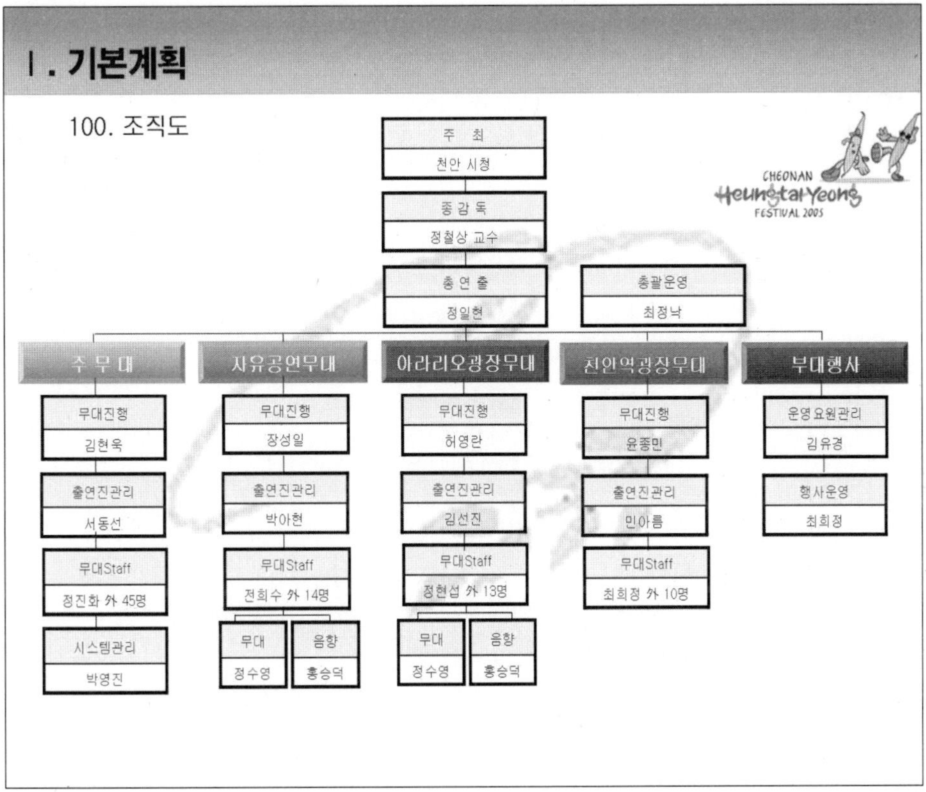
Ⅰ. 기본계획
100. 조직도
CHEONAN Heungtaryeong FESTIVAL 2005
주 최
천안 시청
종 감 독
정철상 교수
총 연 출
정일현
총괄운영
최정낙
주 무 대
무대진행
김현욱
출연진관리
서동선
무대Staff
정진화 外 45명
시스템관리
박영진
자유공연무대
무대진행
장성일
출연진관리
박아현
무대Staff
전희수 外 14명
무대
정수영
음향
홍승덕
아라리오광장무대
무대진행
허영란
출연진관리
김선진
무대Staff
정현섭 外 13명
무대
정수영
음향
홍승덕
천안역광장무대
무대진행
윤종민
출연진관리
민아름
무대Staff
최희정 外 10명
부대행사
운영요원관리
김유경
행사운영
최희정

③ **기획서 작성사례** Power Point

Ⅰ. 기본계획

101. 천안 흥타령 축제 방향

CHEONAN Heungtaryeong FESTIVAL 2005

전개방향 1 ▶ 흥타령 축제의 독창성 강조

- 다른 지역축제에서는 찾아 볼 수 없는 춤, 노래, 의상이라는 축제 Theme를 잘 표현할 수 있는 차별화된 프로그램으로 구성

전개방향 2 ▶ 천안을 대표할 수 있는 축제의 자원화

- 천안 흥타령 축제를 대중과 예술, 세대와 세대 그리고 전통과 현대문화가 공존하는 21세기형 문화관광 축제로 승화해 지역경제 파급효과 극대화 도모

전개방향 3 ▶ 관광객 & 시민들과 함께 즐기는 축제

- 경연 & 공연형태의 예술인들만의 축제가 아니라 오픈 된 공간에서 관광객 & 일반 시민 누구나 참여해 함께 만들어가는 공연으로 구성

현대인에게 Appeal할 수 있는 주제에 의한 축제 전개로
흥타령 축제의 독창성과 현대적 이슈화가 공존하는 흥타령 축제의 모습 표현

Ⅰ. 기본계획

102. Concept

기본방향

- 시민과 관광객이 공연할 수 있고 배워보고 체험해보는 참여와 화합의 장
- 고급예술로의 춤이 아닌 생활 속의 예술로 느끼는 공감의 장
- 중·장년층만이 아닌 모든 세대, 다양한 계층이 함께하는 축제의 장

CONCEPT

일상 속의 예술, 체험과 참여, 전통과 첨단이 공존하는 도시 천안에서 펼쳐지는

JOYFUL DANCE FESTIVAL

Ⅱ. 프로그램 계획

201. 행사개요

행 사 명	천안 흥타령 축제 2005
일 시	2005. 9. 30(금) ~ 2005. 10. 3(월)
장 소	삼거리공원 – 주무대 / 자유무대 / 영남루 주변 아라리오광장, 천안역 광장 – 경연무대
주 최	천안시문화예술선양위원회(천안문화원)
구 성	삼거리공원 주무대 – 공식행사, 경연대회, 부대행사 자유공연무대 – 참여행사 영남루 주변 – 부대행사 아라리오광장 무대, 천안역광장 무대 – 경연대회 및 부대행사
연출/운영	호서대학교 부설 벤처 이벤트그룹 호서이엔씨

Ⅱ. 프로그램 계획

202. 행사구성

천안흥타령축제 2005
cheonan Heungtaryeong festival 2005

삼거리 공원 주무대	자유공연 주무대	아라리오 광장무대 천안역 광장무대	영남루 주변 부대행사
· 다양한 공연행사와 공식 행사 및 관람객 참여 행사를 통해 관람객을 위한 흥겨운 축제마당 전개 · 축제 Main 프로그램인 춤경연대회 진행 · 공식의전행사 진행	· 관광객, 일반 시민 누구나 참여해 함께 만들어가는 열린 무대로 운영 · 사전신청과 현지신청공연을 적절히 조절해 운영상의 문제가 발생하지 않도록 함	· 주무대의 Main 프로그램인 경연대회 참가팀을 활용한 시연무대로 운영 · 유동인구가 많은 장소임을 고려해 축제를 홍보할 수 있고, 젊은 층에게 어필 할 수 있는 프로그램 운영	· 흥타령 축제 컨셉에 맞는 체험 프로그램으로 구성 · 축제에 참여한 다양한 계층이 즐길 수 있는 체험을 마당형태로 운영

Ⅱ. 프로그램 계획

203. 전체 일정표

일자 \ 시간	장소		11 ~ 12시	12 ~ 13시	13 ~ 14시	14 ~ 15시	15 ~ 16시	16 ~ 17시	17 ~ 18시	18 ~ 19시	19 ~ 20시	20 ~ 21시
1일 (금)	삼거리 공원	주무대				민 속 놀 이				리셉션	개 막 공 연	
		영남루 주변										
	아라리오 광장 천안역 광장					거리 퍼레이드						
2일 (토)	삼거리 공원	주무대			춤 경연 예선						춤 경연 본선	
		자유공연	춤 따라하기 춤, 음악분야 신청공연		즉석 노래자랑		춤 분야 신청공연	음악분야 신청공연	기타분야 신청공연			
		영남루 주변										
	아라리오 광장 천안역 광장				춤 경연 예선						춤 경연 결선 폐막공연	
3일 (일)	삼거리공원	주무대			춤 경연 예선							
		자유공연	춤 따라하기 춤, 음악분야 신청공연		즉석 노래자랑		춤 분야 신청공연	음악분야 신청공연	기타분야 신청공연			
		영남루 주변										
	아라리오 광장 천안역 광장				춤 경연 예선							

II. 프로그램 계획

204. 주무대 프로그램

1. 개막식 (10.1)

구분	시간	항목	내용	비고
식전행사	14:00~17:00 (180')	시민 민속놀이	그네뛰기 / 단체 줄넘기 / 단체 줄다리기	
리셉션	17:00~18:00 (60')	리셉션	공식적인 리셉션 진행	
식전공연	18:00~19:00 (60')	축하공연	식전 축하공연	
개막식	19:00~19:05 (05')	개회선언 Ceremony	개막축하 멀티쇼 (개회선언)	연출안 참조
	19:05~19:15 (10')	공연 1	국내초청팀 공연	
	19:15~19:25 (10')	공연 2	2004 입상팀 공연	
	19:25~19:35 (10')	공연 3	외국 초청팀 공연	

Ⅱ. 프로그램 계획

204. 주무대 프로그램

1. 개막식 (10.1)

구분	시간	항목	내용	비고
개막식	19:35~19:45 (10')	공연 4	특별 출연팀공연	
	19:45~19:55 (10')	공연 5	외국초청팀 공연	
	19:55~20:05 (10')	공연 6	국내초청팀 공연	
	20:05~20:15 (10')	공연 7	외국초청팀 공연	
	20:15~20:25 (10')	공연 8	흥타령 댄스 시범 공연	
	20:25~20:35 (10')	불꽃놀이	천안 흥타령축제 2005 개막을 축하하는 불꽃놀이	

8. 축제연출

(1) 축제연출의 의의

축제의 개최 준비에 대해 우리는 아직도 물리적 개발, 즉 하드웨어에 대한 개발을 생각하는 경우가 많다. 편의시설을 확충하고, 도로를 신설하며, 놀이시설을 만드는 것을 축제의 준비라고 생각한다. 그런 사고가 일반적이기 때문에 대부분의 축제가 비슷한 분위기를 제공하게 된다. 특히 대규모 축제의 행사가 비슷한 분위기를 제공하게 된다. 특히 대규모 축제의 경우 자본과 조직을 가지고 있는 중앙이나 지방자치단체같이 관에서 주관하는 경우가 많아 이런 문제는 더욱 심각해진다.

이런 외형적인 면에 중점을 두는 개성 없는 축제가 아니라, 각 지역마다 가지고 있는 문화적 고유성을 바탕으로 내용 면에서 축제의 특성을 부각하고, 방문자들의 만족을 중시하는 기획이 축제의 연출이다. 즉 색의 조화, 형태의 조화, 소리의 조화, 놀이의 개발 등으로 새로운 만족할 수 있는 분위기를 창조하는 기법이 연출이다.

축제연출은 기획가의 의도를 실제화하기 위하여 동원할 수 있는 모든 인력 · 장비 · 기술을 동원하여 참가자에게 접근하는 활동을 의미한다.

(2) 축제연출의 원칙

축제 참여관중에게 만족을 제공하기 위한 축제연출을 위해서는 기본적으로 지켜야 할 원칙이 있다.

❶ 통일된 성격의 부여

축제의 특성을 부각하기 위해서는 처음부터 끝까지 하나의 주제로 일관성을 유지해야 한다. 이런 일관성 유지를 위해서는 지역의 특성을 보전하면서도 변화에 적응하는 유연성을 가져야 한다. 또 필요하다면 이용자를 적절한 방법으로 규제하는 방안도 강구한다.

① 지역적 특성의 강조

가장 지역적인 것이 가장 한국적인 것이고, 가장 한국적인 것이 가장 세계적인 것이다. 행사장을 방문하는 사람들은 자신들이 일상적으로 접했던 문화를 경험하고자 하는 것이 아니다. 방문자는 새롭고 독창성을 가진 문화를 경험하고자 한다. 이런 문화적 신선함은 시설로써는 이룰 수 없다. 따라서 지역 이미지와 고유문화에 대한 연계성을 바탕으로 각각의 축제에 개성을 부여하는 것이 중요하다. 이런 특징은 한번 부여되면 바꾸기 어렵기 때문에 기획의 중요성을 더 한다. 이는 통상적인 표준화에서 벗어나 개성을 추구하는 것이다.

축제에 이렇게 개성을 부여하고 고유한 특성을 주기 위해서는 그 지역의 문화와 환경에 대한 깊이 있는 이해가 중요하다. 즉 자신이 가지고 있는 자원과 인근 또는 경쟁관계에 있는 지역이 가지고 있는 자원을 비교하고 그 차이점을 부각시킴으로써 매력을 더 할 수 있다. 축제의 매력은 고객의 문화와 축제 개최지의 문화의 이질성을 강조하거나 축제가 가지는 희귀성을 강조함으로써 높인다.

② 유연성 확보

축제연출자들은 수시로 변화하는 주변환경에 유연하게 적응해야 한다. 이런 유연성이 있어야 장기적으로 축제의 매력을 유지할 수 있다. 변화에는 방문자들의 욕구변화는 물론, 경쟁상황·외부환경 등의 외부적인 변화와 인력·기술·조직구조 등의 내부적 변화도 있다. 특히 방문자들은 수시로 변화하는 욕구를 가지고 있다. 욕구는 일반적으로는 다양화·고급화·비획일화로 변화하지만 돌발적인 변화에도 대비한다.

③ 방문자 규제

축제의 전체방문자의 만족을 더 하기 위해서는 약간의 규제가 필요한 경우가 있다. 방문자 규제의 방법으로는 입장규제·활동규제·시설규제를 들 수 있다. 그러나 이런 규제를 잘못하면 방문자들에게 불쾌감을 주게 될 수 있으므로 실행에 신중해야 하며, 가장 최선의 방법은 규제를 없앨 수 있도록 여러 면에서 충분히 준비하는 것이고, 다음으로 규제를 하되, 규제받는 사람들이 그들 자신이 규제당하고 있다는 사실을 모르도록 하는 것이다.

• 입장규제

축제 방문자를 축제 사이트의 접근에서부터 통제하는 방법이다. 일정한 축제지역을 폐쇄하고 입장료를 징수하거나 일정한 수 이상은 입장을 제한하는 방법이 있을 수 있다. 또 특정한 조건(예 : 나이, 키 등)을 전제로 입장을 허용하는 방법도 있다.

• 활동규제

방문자에 대한 활동규제는 방문자의 움직임을 연출자의 의도대로 유도하는 방법이다. 예를 들어 잔디나 나무를 보호하기 위해 출입금지를 알리는 표시를 부착하는 방법에서부터 다리를 놓거나 산책로를 개설하고 케이블카를 설치하여 동선을 바꾸는 방법까지 다양하게 제시될 수 있으며, 차량이동을 막기 위해 주차장의 위치를 변경하거나 셔틀버스・전기자동차・자기부상열차 등을 운행하는 방법도 있다.

행사관련 차량만 발급받는 주차증

• 시설규제

만남의 장소, 안내소, 쓰레기통, 화장실, 숙박, 식당 기타 편의시설 등 축제 시설의 대부분은 방문자의 움직임을 최대한 편하게 하면서 축제의 목적도 달성하고, 움직임도 유도하는 이용자 활동규제의 관점에서 배치 또는 설치되어야 한다. 특히 많은 사람들이 이용하거나 개개인의 이용시간이 긴 시설의 배치에는 더욱 신중하여야 한다.

• 고객 우선의 서비스 정신

축제연출자는 방문자의 욕구에 부응하여 그들에게 최대의 만족을 줄 의무가 있다. 즉 방문자의 욕구충족에 의한 최대만족을 위해 축제의 끊임없는 변신을 추구해야 한다. 또 축제 사이트 내에서의 쾌적성의 확보도 중요하다. 일본관광협회에서 조사한 바에 의하면, 아름답지 못하다, 청결하지 못하다, 소음, 혼잡, 향토성 부족, 계절감 부족, 획일화, 교통 불편 등의 이유로 방문자들이 쾌적하지 못하다고 느끼는 것으로 나타나고 있다.

- 지역문화의 보전

축제는 지속적으로 변화해야만 존재할 수 있다. 축제 방문자는 항상 새로운 모습의 축제를 기대하고 있고, 변화하지 않는 축제는 곧 외면당하게 된다. 그러나 이런 변화는 축제가 개최되는 지역의 문화를 배경으로 하는 고유성을 유지한다는 한계에서 이루어져야 한다. 즉 축제 성립의 기초적인 지역의 정체성을 훼손하지 않는 범위 안에서 끊임없는 변화를 시도해야 한다.

지역의 고유한 문화를 보존하면서 축제를 활성화시키고 방문자에게 만족을 주기 위하여 축제 운영자들은 흔히 축제 장소를 실제 생활이 이루어지는 곳으로부터 분리하는 방법을 이용한다. 이런 분리를 축제가 개최되는 지역의 문화적 정체성을 보호하면서 방문자에게는 새로운 매력물을 제공한다.

(3) 축제연출의 내용

축제의 연출은 공간 · 시간 · 기자재 · 인원 · 기술 등 많은 제약 조건 하에서 이루어질 수밖에 없다. 따라서 영화처럼 엄청난 효과를 기대하기는 어렵지만 이런 한계를 연출자의 무한한 상상력과 창의력으로 극복할 수 있다. 축제기획가는 '꿈을 파는 상인'이 되어야 한다.

축제연출시 고려해야 할 요소로는 다음과 같다.

- 축제의 목적
- 참가자들의 특징(인구통계학적 · 심리적 · 직업적 등)
- 예산의 한계
- 시간(준비, 설치 후 유지, 제작 등)의 제약
- 기존시성의 활용가능 정도
- 시설물 사용규칙
- 관청의 인허가 등 제약조건 확인
- 기술적 고려

이와 같은 기술적 한계 하에서 할 수 있는 구체적 연출의 예를 들어 보면 다음과 같다.

❶ 공간의 연출

- 시설 등 연출대상의 공간에 대한 분석
- 장소의 연출 : 시대의 변화와 유행에 민감
- 창의력 · 상상력 · 전문성

- 행사장 입구나 도착시의 만족도 제고방안 : 안내원(광대 · 만화주인공 등 축제의 성격이나 참가자의 특징에 맞는 복장과 태도), 장식물, 홍보물, 안내표시, 로고의 통일성
- 시각(색 · 조명 · 밝기 등) · 촉감 · 후각 · 청각 등 동원 가능한 인간의 오감을 모두 이용하여 연출
- 파격적인 장소의 설정

무대조명

❷ 조명의 이용

- 과거에는 분위기 조성과 안전 등에 관심 : 촛불과 분위기 등
- 현재는 이용할 요소가 많이 개발 : 색상 · 명암 등 현재의 조명 기술자는 예술가 수준
- 의도한 효과를 얻기 위해서는 정확성이 중요 : 시간 · 조도 · 명암 등

스크린 영상

❸ 음향과 영상

- 듣는 것이 보는 것보다 강하다: 눈은 감으면 되지만, 귀는 닫을 수 없다.
- 인간의 생각 · 꿈 · 열정 등을 자극하는 데 효과
- 강한(지각될 수 있는) 음향과 영상이 중요
- 소리와 모습을 통해 참가자들의 상상력을 자극
- 주제와 연계
- 행사장의 오디오 · 비디오 시설이나 조건 고려

- 대부분의 음악은 소유권이 있고, 사용 시에는 그에 상응하는 비용을 지불
- 마이크와 스피커, 스크린의 위치와 수량·규격 등 고려 : 기자재의 위치는 참가자의 관심을 분산시키는 효과
- 기술자의 확보와 상황을 이해하기 위한 위치

❹ 특수효과

- 놀라움·즐거움·두려움 등 특별한 감정을 유도하고자 할 때 쓰이는 방법
- 조명(미러 볼, 블랙 라이트, 컬러 휠, 로프 라이트, 스트로브 라이트 등)
- 음향(벨, 부저, 사이렌, 실제 필요한 소리 등)
- 분수
- 기상효과(비·눈·안개 등)
- 불꽃놀이
- 폭죽, 풍선효과, 레이저, 홀로그래피 등을 이용
- 안전에 대한 주의

특수연화효과

(4) 축제연출자

❶ 축제연출자의 개요

축제연출자란 축제 주최자 측에 있어서 축제의 계획단계에서 종료까지의 기획 입안 · 스텝 선정 · 예산집행 · 공정관리 등을 종합적으로 총괄하는 권한을 부여받고 있는 자를 말한다. 이와 같은 축제연출자는 도시에 사업수지의 균형에 맞추기 위해 입장료 수입 등의 사업수입의 확대를 도모하든지, 축제의 효과측정을 행하는 등 축제 전체의 성과에 책임을 갖는다.

❷ 축제연출자의 자격

축제연출자는 축제의 모든 것을 책임지는 사람이다. 이들은 당연히 여러 방면에서 탁월한 능력을 가지고 있어야 할 것이나, 특히 공통적으로 요구되는 자질은 추진력이라고 할 수 있다. 실체가 없는 '꿈'을 현실화시켜 나가는데서 오는 난관을 헤쳐 나가기 위해서는 강력한 추진력이 필수이다. 그 외에 축제연출자가 갖추어야 할 자질을 보면 다음과 같이 정리할 수 있다.

- 창의적인 아이디어를 가지고 있어야 한다. 창의적이지 못한 축제는 관객에게 아무 흥미와 관심을 유도하지 못한다.
- 대중의 흥미를 끌 수 있는 연출 능력을 갖추어야 한다.
- 축제는 다양한 분야의 전문가들이 협력해야 성공할 수 있다. 연출자는 이런 다양한 분야의 전문 인력과 깊은 유대관계를 유지하고 있어야 적절한 도움을 받을 수 있다.

- 관련분야에 대한 상식이 필요하다. 외부전문가의 도움을 받기는 하지만 스스로도 어느 정도 식견을 가져야 적절한 협력을 얻을 수 있다.
- 자금 및 조직관리 능력이 있어야 한다. 축제연출자는 전체 축제를 총괄하는 경영자로 볼 수 있다. 엄청난 자금과 조직을 합리적으로 운영하기 위해서는 경영자로서의 자질을 갖추어야 한다.
- 시대의 변화에 적응할 수 있는 능력을 갖추어야 한다.
- 풍부한 실무경험이 중요하다. 축제는 현장에서 이루어지는 움직임이다. 따라서 연출자는 이론보다는 풍부한 현장경험을 가지고 있어야 실제로 벌어지는 상황에 대한 대처가 가능하다.
- 돌발사태에 대응하는 순발력이 있어야 한다. 축제의 진행 중에는 어떤 사태가 벌어지더라도 순발력 있게 대응하여 운영에 차질이 없도록 한다.

③ 축제연출자의 임무

축제연출자는 개최하고자 하는 축제에 대해 기본적인 기획 입안 · 제작추진 · 참가독려 · 실시운영 등 전반에 걸쳐 책임을 지며, 전문 디렉터나 플레너와 디자이너 등에 대해 조언 · 조정을 행한다. 또 축제의 경영과 관련된 문제(예산 · 출전자 · 시설참가자 등의 확정 등)에 대해 전면적으로 관여한다. 축제 주체에 대한 조언과 진행방법 등의 조정을 행한다. 이런 업무의 책임과 권한을 분명히 하기 위해서 주최자와의 사이에서 계약 시에 구체적으로 조정 · 확인하고 명확히 해 둘 필요가 있다.

축제연출자는 모든 업무에 책임을 지기 때문에 이런 모든 업무를 혼자 하는 것은 불가능하며, 몇 부분으로 나누어 분담하게 된다. 또 업무의 분담에 따라 기획업무를 효율적으로 진행하기 위하여 몇 가지 보조 자료가 축제의 성격이나 상황에 따라 쓰이고 있다.

축제연출자의 업무수행 순서

- 축제 성격 및 유형 분석
- 축제 장소 및 일정 확인
- 축제 프로그램 구상 · 결정
- 축제 출연자 섭외 · 계약
- 축제 홍보물 제작 · 발주
- 홍 보 진 행
- 프로그램 제작을 위한 업체 선정 · 발주
- 언 론 홍 보
- 리허설과 무대연출 및 제작
- 실 행
- 평 가

- 업무분담표 : 일의 성격에 따라 영역을 구분하고, 적성에 맞는 인력을 배치해서 업무를 관장하게 하고, 각 분과들이 서로 유기적인 관계가 이루어지도록 각 기획가의 업무를 나누어 놓은 표이다.
- Flow Chart : 축제 진행업무 전체를 한 눈에 파악하고 일의 진전 정도를 수시로 파악하기 위한 업무흐름도이다.
- 월별(주별) 행사일정표 : 축제가 장기간 동안 준비와 진행이 계속될 경우 각 기간별로 행사 일정표를 작성하여 본격적 행사준비 시작 전까지 활용하는 표이다.
- 기획일정표 : 행사가 임박하면 매일매일 해야 할 일을 확인하고, 누락된 사항을 관리하기 위한 표이다.

이와 같이 축제 전반의 모든 업무를 추진하는 축제연출자의 업무내용을 구체적으로 나열하면 다음과 같다.

- 기본이념, 기본구상, 기획안의 작성
- 기본기획안에 근거한 실시계획(예산안 포함)의 작성
- 입지조건 · 개최기간 등의 조사 · 설정 등 추진업무
- 실시계획안에 입각하여 관계관청이나 기관 및 지역주민에 대한 활동 등의 지도업무
- 기획안의 조정

무대제작 과정

- 실시주체와 관계 여러 기관의 조정
- 전문위원과 실무요원(working staff) 간의 조정
- 기업 · 단체 등의 출전에 관한 매뉴얼의 작성
- 참가단체 및 개인과의 교섭 · 조정업무
- 실시를 위한 제반 준비
- 업무별 담당요원의 선정
- 운영주체와 업무 협희
- 예산을 포함한 전체관리
- 긴급상황 발생기 대비

축제연출자의 임무를 세분화하여 단계별로 나타내면 다음과 같다.

ⓐ 총괄 : 기획 기본 틀
- 목적
- 테마와 컨셉
- 목표와 결정

ⓑ 1단계 : 기본계획
- 회기와 스케줄

- 장소
- 형식
- 내용
- 대상
- 예산
- 조직

ⓒ 2단계 : 실시계획

- 개최요령 : 명칭, 테마, 기본컨셉, 회기, 회장, 입장자 예측, 주최, 지원, 협찬, 협력, 조직, 기타
- 회장계획 : 개요, 디자인, 전체구성, 전체 이미지, 지역계획, 전선배치, 시설설비, 파빌리온(pavilion) · 축제 스테이지, 공사공정, 기타
- 전시계획 : 개요, 디자인, 전체구성, 실내구성, 영상 소프트, 영상 하드, Booth 조성, 특별장치의 기기, 전시소프트, 전시하드, 공정, 기타
- 행사계획 : 개요, 디자인, 전개회장, 연출구성, 내용, 출연자, 스텝, 미술 · 음향 · 조명 · 영상 프로그램, 특수기기, 스케줄, 기타
- 홍보 · 광고 · 동원계획 : 개요, 전략, 디자인 비주얼 시스템, 틀 작성, 광고 PR, 인쇄물, 옥외광고, 우선순위결정, 인쇄매체 광고, 관련 축제, 캠페인, 동원대책, 교통운송대책, 기타
- 예산계획 : 수입내용, 지출내용, 관리체계 구성, 출납 매트, 기타

- 운영계획 : 정보명령 지휘계통 조직도, 조직구성과 계약, 캐스팅과의 계약, 발주와 계약, 저작권 및 법률, 교육 오리엔테이션, 기타

ⓓ 3단계

- 운영 매뉴얼 : 개요, 전시, 행사, 스케줄, 실시운영조직도, 사설, 긴급시 요령, 연락망, 기타
- 진행표 · 대본 : 반입, 설치, 시공, 대도구, 리허설, 스텝, 캐스트, 약사실, 종합 스케줄, 관계 연락통로, 코멘트 대본, 기타
- 반입 · 배치 : 연결 시스템, 특수시시, 전시, 장식, 영선, 전기송사, 기타
- 도선기획 : 귀빈, 기자단, 주최자, 기타
- 섭외, 공식행사 : 수부, 장내정리, 경비, 구급, 기타
- 스텝회의 : 조례 · 종례, 연출자 디렉터회의, 전원회의, 기타
- 철거 : 반출 · 철거 시스템, 스케줄, 점검, 인도, 기타

ⓔ 4단계 : 사후관리

- 내장자 등 데이터 정리
- 보고서의 작성
- 레뷰 미팅

(5) 축제연출자의 미래

현대는 사회적인 요구로 많은 축제가 개최되고 있으며, 앞으로 이런 추세가 강화될 것이다. 이러한 축제 붐 속에서 축제의 수준을 결정하는 축제연출자의 사회적 의미는 커지고, 따라서 다양한 요구가 나타나게 될 것이며, 이와 관련하여 축제기획의 중요성이 높아질 것은 자명하다.

축제연출자는 이런 상황변화의 중심에 서서 자신의 임무를 충실히 함은 물론, 자신의 사회적 위치를 공고히 하는데도 관심과 노력을 기울여야 한다. 이를 위해서는 다음의 몇 가지 조건이 갖추어져야 한다.

- 연출자업무에 대한 이해와 축제연출자의 사회적 인식 제고
- 축제연출자의 인재양성을 위한 프로그램의 작성과 연수교육
- 축제연출자나 기획에 대한 지적 재산권 인정과 보수의 제도화
- 축제 관련정보를 수집하고 전달하는 사회적 조직의 설치

9. 축제 진행의 실제 1(무대)

야외무대

(1) 무대의 개념

❶ 무대의 개요

축제에서의 무대는 전반적인 행사 과정의 대부분을 차지하는 요소이다. 무대란 계획을 세우고 장식하고 조명, 무대소품, 음향을 의도한 대로 형상화하는 과정이다. 또한 무대는 건축·회화·공예 등 조형상의 여러 요소들을 동원하여 시각적 공간으로서의 무대를 구성하는 일, 혹은 구성 그 자체를 가리킨다.

축제무대의 독립적 어원이나 용어는 정립되어 있지 않고 일반 공연무대 용어와 설치방법을 혼용하여 사용하고 있으며 여기서도 공연무대와 함께 살펴본다.

고대 그리스 이후 이미 극적 효과를 위해 많은 장치들이 사용되었다. 상설 실내극장이 건축되기 시작한 이탈리아 르네상스 시대, 이탈리아 연극에서부터 현대적인 의미의 장치가 사용되기 시작하였으며 프로시니엄 무대가 건축되었고 프랑스에서는 이를 가리켜 '이탈리아식 무대'라 불렀다.

브라만(Braman)과 페루찌(Perucci)는 원근법을 적용한 채색 배경막과 빠른 변화를 용이하게 하기 위한 텔라리(그리스의 페리악토이로부터 유래)를 사용하기 시작하였으며, 15세기 초반에는 하늘을 날거나 솜으로 제작한 구름을 제거하며 갑자기 나타나는 천사들을 위한 장치가 무대 위에서 사용되었다. 토렐리(Torelli)는 17세기에 베니스와 프랑스에서 활동하던 당대의 뛰어난 무대장치가로서, 이동 가능한 옆막(chariot and pole system)을 개발, 빠른 장면전환을 가능케 했다. 19세기에 무대는 더욱 기계화되어 무대 천장에 정교한 쇠망을 설치, 밧줄이나 도르래로 조종하여 장치를 들어올리거나 내릴 수 있었다. 이후 많은 극장에서 무대 전체가 상하좌우로 이동할 수 있게 됨에 따라 전체 무대장치의 순간적인 이동도 가능케 되었다. 특히 1896년 독일 뮌헨에서 최초로 사용된 회전무대는 장면전환을 더욱 빠르게 하였다.

❷ 배경장치

'배경장치(scenery)'라는 말은 배경막(drop)과 주름막(drape), 그리고 무대 위에서 공연자들을 위한 배경으로 사용되는 막장치를 의미한다. 그러나 현대의 디자인에서는 새로운 기술적 재료들과 기계장치들의 도움을 받아 창조된 다양한 양식과 형식이 혼합되어 '장면(scene)/장소' 또는 '극적 환경(environment)'이라는 단어가 무대효과를 나타내는 더 명확하고 의미가 풍부한 말이 되었다. 최소한의 장치를 사용하는 공연에서 무대소품들은 종종 장면의 물리적·상징적 의미 형성에 크게 기여한다. 조명은 환경(분위기)을 창조하는 강력한 수단으로 자리 잡았고, 전파·통신 장비는 극적 환경으로서 소리가 지닌 잠재력을 이미 보여주었다. 무대미술(scenography)은 무대상에서 요구되는 예술적 통일성을 확립하기 위한 시청각적인 요소를 총괄하는 의미로 사용된다.

❸ 무대매체

20세기에 들어오면서 축제무대 및 일반무대의 분야가 매우 확장되었음은 주지의 사실이다. 미국의 경우, 주요 거대도시에서만 공연되었던 연극이나 오페라, 무용이 이제는 세계 전역에서 각광받고 있고, 중·소도시를 비롯한 각 지방에서도 상설 직업극단이 생기는 등 공연예술 작업이 활발하게 이루어지고 있다. 발레나 순회무용단의 경우에도 비슷한 현상이 나타나고 있다. 또, 극장식 식당이 널리 유행하여 인기를 얻었다. 사람들에게 문화 향유의 기회를 제공하려는 목적에서 비교적 작은 지역사회에서도 오해된 극장들을 보존하고, 지역 극단이나 전지력을 순회하는 극단들을 위한 예술센터로 사용될 수 있도록 새로운 건물을 짓는 데 열중하고 있는 실정이다. 미국에서는 오페라, 레뷰 혹은 라스베이거스 등지의 무대에서 공연되는 독특한 뮤지컬 등의 음악극 형식들, 여름 레퍼토리 공연, 여행에 포함되는 패키지 쇼, 상설극단의 공연 등이 관객의 큰 관심을 끌고 있다. 지역사회와 학교 극단은 이제 막 성장하고 있고 대학 극단들도 양적으로나 질적으로 급격히 팽창되었다. 더욱이 영화나 텔레비전 드라마, 특별기획, 시리즈물 등은 훨씬 더 접하기 쉬운 대중예술로 확실하게 자리 잡았다. 우리의 난타가 브로드웨이 무대에서 공연되고 있는 것이 좋은 예이다.

무대는 이러한 공연들에 있어 가장 중요한 부분이 되고, 가장 단순한 것부터 가장 난해한 것에 이르기까지 다양성을 보여주고 있다. 특히 기술과 과학의 발전으로 무대의 적용범위와 표현한계가 더욱 광범위해지고 있다. 공연의 의도와 본질, 극장 및 무대 공간의 유형, 구성원들의 창조적인 기술력은 공연무대 장치제작에 직접적으로 영향을 끼치게 된다.

❹ 무대의 특징

무대기술은 몇 가지 중요한 점에서 다른 기술 분야와는 다르다. 무엇보다 주변 예술 분야의 기술과 지식을 이용하는 포괄적인 노력이 필요하다. 기술진들은 다양한 기술을 지녀야 하고 다양한 분야의 기구와 재료들의 쓰임새를 이해해야 한다. 또한 끊임없는 자기 훈련과 새로운 기술에 발맞추는 능력도 갖추어야 한다.

장치기술은 축적되는 특성을 가지고 있다. 만들고 운용하는 방법과 기술은 변화하게 마련이고, 현존하는 기술을 향상시키거나 새로운 해결책을 제시하면서 기술의 발전과 함께 확장되기 때문이다. 그러나 낡은 효과들이라고 해서 폐기처분되지는 않는다. 그것들은 새로운 방법으로 다시 사용되고 다양하게 응용된다. 이러한 창의성은 장치기술의 특징으로서 공연예술에 종사하는 모든 예술가들과 현장 작업자들의 작업에서 나타난다. 장치기술진의 궁극적인 목표는 환영(illusion)을 조성하는 것이다. 관객으로 하여금 무대에서 진행되는 상황을 실제로 받아들이고 거기에 빠져들도록 해야 한다는 말이다. 그러기 위해서 장치는 기능적이고 섬세해야 하며 관객으로부터 지적 혹은 정서적 반응을 얻어낼 수 있어야 한다. 동시에 관객의 상상력을 자극하는 창조성, 창의성을 갖추어야 한다.

❺ 무대의 환경

축제 및 공연을 위해서는 무대배경을 여러 가지 형태와 기능으로 바꾸는 것이 필요하다. 장치가 어떻게 극에 효과적으로 적용되는가를 무대기술자가 제대로 이해한다면 자신의 작업을 보다 능률적으로 수행할 수 있다. 디자이너는 드라마나 공연의 환경을 고유하게 통일된 이미지나 개념으로 간주하는 결과로 나타내며 종종 특별한 분위기, 기능, 세밀한 사실성, 혹은 그 외의 다른 다자인상의 가치를 작품 속에서 강조한다. 이러한 가치들이 디자인을 사실적 혹은 비사실적 스타일로 창조하게 된다.

공연은 협동이 전제된 예술이다. 연출, 출연자, 디자이너, 기술진, 그리고 때로 작곡가, 연주가, 무용가, 안무가 등의 많은 사람들이 직・간접적으로 공연에 참여하며 각자 맡은 분야에서 노력을 기울이는데, 이러한 노력들은 통일성 있는 작품을 만들어내기 위해 조화를 이루어야 한다. 이는 물론 모든 부서의 조화를 효과적으로 이끌어내야 하는 연출가 자신의 주 업무이기도 하다. 공연에서 사용되는 다른 모든 요소들과 조화를 이루지 못하는 작업은 좋은 공연을 막는 장애물이 될 뿐이다. 기술진과 제작진은 좋은 공연을 위해 함께 노력을 경주하고 공연의 목적을 달성하기 위해 협동해야 한다.

(2) 무대의 기능

❶ 무대의 종류

구체적인 행사 준비를 위해 이루어지는 첫 과정이자 축제 연출의 가장 기초가 되는 요소가 무대 디자인과 무대세트 제작이다.

프로그램 구성 기획이 완료 되면 그 전체적인 구상안이 무대 감독에게로 전달되어야 한다.

무대 디자인이 확정되어야 다음 공정들(조명 디자인, 음향디자인 등)이 체계적으로 이루어진다. 무대구성은 연출자에 의해 기안되어진 연출 안에 따른 축제 공연의 전체적인 진행내용을 보여 주기 위한 기초장이며 많은 관객들에게 공연의 내용에 앞서 사전심의를 통해 축제 이미지를 잘 살릴 수 있도록 하는 역할을 하는 것이다. 무대의 종류는 뒷 배경에 구조물이 있고 없음에 따라 입체 무대와 평면 무대로 나뉜다..

입체 무대에도 고정 세트를 통한 무대구성이 가능하고, 버튼을 이용한 높낮이를 특별한 장면에 따라 다양한 구성으로 이루어질 수 있다. 평면 무대는 뒷 배경에 구조물이 없이 이루어지는 것으로 단순히 바닥장치(floor)만 설치되어 있기에 자유분방하고 확 트인 효과를 준다. 그러나 평면 무대는 대개 뒷 배경에 조명 구조물을 쌓아 조명그림을 세트화하기도 한다.

이 외에도 평면 무대 중 회전이 이루어지는 회전무대구성도 가능하며, 유압식 무대구성 즉 기계적 장치에 의한 수직 상승 기능도 가능할 것이다. 가장 확실한 무대구성은 평면과 입체 무대를 적절히 사용한 그림일 것이다. 평면 무대는 주로 강하고 자유스러운 분위기를 강조하는 콘서트에 적합하다. 또한 뒷 배경이 아름다운 배경(산, 바다, 강 등)으로 이루어진 경우에는 평면 무대가 필수적이다. 입체 무대는 정적인 분위기의 공연, 뮤지컬, 세미클래식(열린 음악회류) 등의 공연에 주로 많이 사용된다.

❷ 무대설치 과정과 자재 사용

① 지주설치

무대 설치를 위해서는 무대 높이에 맞게 지주를 먼저 세워야 한다(실내 체육관, 야외 등).

무대의 높이는 관객석의 위치에 따라 약간은 유동적이지만 일반적으로 60cm, 120cm가 기본으로 사용되고 최고 180cm까지 세워지기도 한다. 지주의 재료로 사용되는 것은 나무와 철골 두 가지가 있는데, 철골은 말 그대로 철재로 된 것으로 안정성이 있는 것이 장점인데 최근에 많이 사용된다. 조립식으로 이루어져 있으므로 설치 시간이 빠르고 이동 또한 간편하다. 그러나 철골을 이용한 지주 구성은 지면이 고르지 않거나, 해변가 모래사장에는 설치가 곤란한 단점이 있다. 나무로 이루어지는 지주는 직접 나무를 마름질하여 설치하므로 시간이 오래 걸리나, 지면의 상태와 상관없이 설치할 수 있다는 장점이 있다. 대개는 기본 무대 제작을 위한 세트(조립식)를 미리 만들어 두고 상황에 따라 무대구성을 달리하여 경비를 절감하는 효과를 보기도 한다. 무대 제작 경비를 투자하지 못할 경우의 축제도 적지 않게 있을 것이다. 대학 축제나 소규모의 행사일 경우, 기본이 몇 백만이나 드는 무대 제작비를 충당하기가 어렵기 때문에 조명 구조물을 무대 지주로 삼고 그 위에 합판을 올려 손쉽고 간편하게 무대구성을 하기도 한다.

② 무대 바닥 설치

무대가 형태를 갖추게 되면 무대 바닥을 설치하는 마감의 공정이 남아 있다. 관객석이 무대보다 높은 위치에 있는 것이 실내는 기본일 것이다. 이런 때에는 무대 마감재료에 더욱 더 신경을 많이 써야 한다. 반면에, 실외행사(관객석이 무대보다 낮을 경우)는 무대 표면에 크게 신경을 쓰지 않아도 된다.

마감 재료로는 천, 카펫, 인조 가죽, 아크릴 판(플라스틱), 유리 등이 있는데, 공연의 성격에 따라 마감 재료의 결정도 달라져야 한다.

앞에서 언급한 다섯 가지 마감재료는 한번 구입 후 관리를 통해 지속적으로 사용할 수 있기에 사용 시 유의해야 한다.

이와 같은 재료 외에도 특이하게 무대 바닥 자체가 무늬목으로 구성된 것도 있다.

천	제대로 고정이 안 될 경우 밀릴 우려가 있으므로 사람의 이동이 많지 않은 일반적인 축하 행사에 사용. 합창단을 위한 계단이 구성될 경우 그 위에 천을(색상별로) 많이 사용한다. 미관상 고급스러워 보이지는 않지만 단가가 저렴하다는 장점.
인조가죽	천과는 달리 고급스러워 보이나 단가는 비싼 경우인데 그 용도는 천과 비슷(일반적 축하행사).
카펫	격렬한 몸 동작이나 춤이 없는 라이브나 고급 음악회, 행사에 많이 사용. 대종상 같은 대형 시상식의 의전 행사에 카펫은 단골 손님으로 쓰임.
아크릴판 (플라스틱)	라이브 콘서트 같은 역동적인 행사에 알맞은 무대 마감 재료이다. 특별히 아크릴 판은 TV 쇼 프로그램에는 기본으로 사용된다. 조명을 잘 받는 장점도 있고 색별로 다양한 그림 구성이 가능하기에 제일 많이 사용하는 마감재료.
유리	알루미늄 기둥 위에 강화유리를 부착. 초기 방송용으로 조명과 함께 공연용 바닥 재료로 이용되어 현재에는 다양한 행사의 무대재료로 이용. 가격이 고가인 단점.

③ 입체 무대 설치

무대 바닥 설치가 마무리되면 입체 무대일 경우 세트 설치가 이어진다. 대개 합판으로 원하는 세트 그림을 만들어 내고 덧마루 같은 받침목을 통해 원하는 자리에 설치한다. 최근에는 세트 구성을 합판이 아닌 여러 가지 특수한 재료를 이용해서 하기도 한다. 고정 세트 외에 버튼을 이용한 세트 구성도 많이 이용하는 무대구성 방법 중 하나이다. 커튼을 보기 좋게 늘어뜨려 분위기를 조성하기도 하고, 유리조각을 접착시켜 역광의 효과를 내기도 한다.

비닐을 좌우 대칭으로 버튼에 설치하고 비닐 끝에 물주머니를 넣어 크리스털 같은 분위기를 연출할 수도 있다. 최근에는 전식을 통해 무대를 돋보이게 하는 경우도 많이 있다. 전식은 바닥에 일정한 프로그래밍을 통해 설치가 가능하고 뒷 구조물에 전식을 사용해 점등 효과를 보기도 한다. 이런 여러 가지 무대구성 효과는 연출자와 무대 디자이너가 적절한 그림 구성을 통해 가장 효과적인 방법을 강구한다.

④ 레터링 보드 제작

행사의 메인 타이틀(main title)을 제작한 레터링 보드가 필수적으로 제작되는데 대개는 뒷배경을 이루는 구조물에 스티로폼으로 제작해 접착시킨다. 실내 행사일 경우 버튼에다 레터링 보드를 달아 사용하는 것을 기본으로 한다. 레터링 보드는 목재를 사용해 제작하고 그 위에 스티로폼으로 글자를 제작해 본드나 못으로 고정 시킨다. 레터링 보드가 없이 타이틀만 네온이나 전식 효과를 통해 제작해 사용하는 경우도 있다. 위에 언급된 무대의 구성 외에 최근에 특별하게 사용되고 있는 무대는 많은 제작비가 소요되지만 그 효과 면에서는 관객을 압도 할 수 있는 특징을 지녔다.

❸ 특별 무대구성의 예

① 360도 회전 무대

특별한 세트 구성이 필요 없고 조명도 트러스를 통해 사면에 설치하고 공중에 트러스를 매달아 사용해 그 분위기를 더욱 잘 드러낸 무대구성이었다. 실내 체육관과 같은 공간에서는 사용이 적절한 무대이다. 이 원형 회전 무대는 관람 사각지대가 생기는 공연장에서는 필수적인 무대로 등장하여 수용 인원의 한계를 극복하고 관람객들의 만족스런 관람을 최대한 배려한 무대이다.

② 이중 원형 무대

밴드가 계단 사이에 위치하는 이중원형 무대는 이중으로 구성되어진 무대구성 효과가 잘 표현된다. 여러 곳에 사무라이, 프로 스캔 같은 특수조명이 만들어 내는 빛이 화려하게 무대를 드러내 보인다.

③ 플러스형 무대

계단(동서남북)을 이용해 무대로 오르게 되어 있고 플러스 사이에 각진 부분에 팝스 오케스트라와 합창단이 위치한다. 플러스 중간에는 정사각형 무대가 크지 않게 30cm 정도의 높이로 만들어지며 공연 클라이맥스에서 이 무대는 수직 상승이 이루어지는 유압식 무대를 드러내 보임으로 공연을 더욱더 화려하게 장식한다.

④ 수상 무대와 기타

기술적인 많은 어려움이 따르지만 수상 무대 또한 멋진 무대구성이 된다. 방송에 많이 사용되지만 객석 무대도 순간적인 충격요법으로 적절한 방법이다. 실내 공연장에서 행사가 진행될 경우 공연 스페이스가 많이 필요할 때는 오케스트라 피트를 적절하게 기존의 무대와 맞춰 사용할 수 있다. 공연장 내에 기본적으로 설치되어 있는 상승이 가능한 시설을 유효적절하게 사용하는 것도 기획자의 몫이다. 일반 쇼 프로그램에서 상승 무대의 효과가 크다는 것을 보게 된다.

❹ 무대 제작시 축제기획자의 유의사항

위와 같은 공정을 이루고 나면 다음 과정인 조명이나 음향 셋업이 가능하다. 무대 설치는 적지 않은 시간을 요함으로 대관에 따른 필요한 조치를 취해야 한다. 이 준비 과정에서 축제기획자가 유의해야 할 사항은 무대 제작 업체에게 제작을 의뢰할 때 무대구성에 대한 기본적인 구상을 반드시 전달해야 한다. 어떤 무대가 만들어져야 하고(분리 무대), 무대 위에 얼마만큼의 장비와 인원이 올라가고, 무대 지면은 어떠한지 특수한 장비 사용(멀티큐브, 특효 등)에 대한 메모 또한 함께 남겨야 무대 디자인에 어려움이 없다.

무대를 제작하는 데 사용되는 재료들은 비교적 값이 싸고 다루기 쉬워야 한다. 그렇기 때문에 대부분의 경우 무대제작에 사용하는 재료들은 나무나 나무를 사용한 재료, 혹은 천을 원료로 한 재료들이 가장 일반적이다. 근래에 와서는 작업환경의 변화로 규모가 큰 제작소에서는 철재를 더 많이 사용한다. 그 외의 재료들은 붙이고 조이는 것들이 대부분이고 더 이상 무대장치만을 위한 특별한 재료들은 존재하지 않는다.

(3) Back Drop 제작의 실제

무대시안의 예

❶ Back Drop

① Back Drop 뒷모습

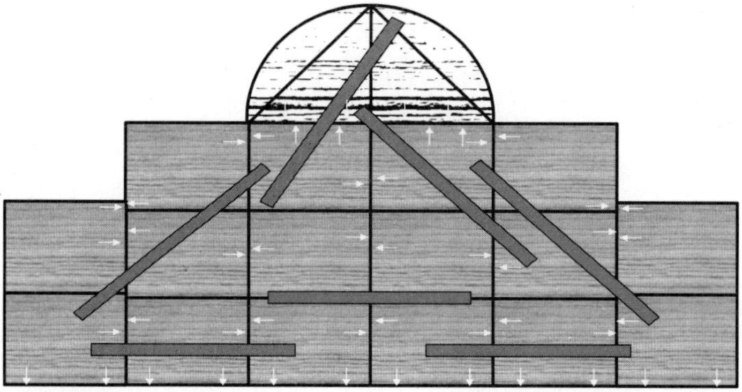

→ 못질방향

② Back Drop 설계단면

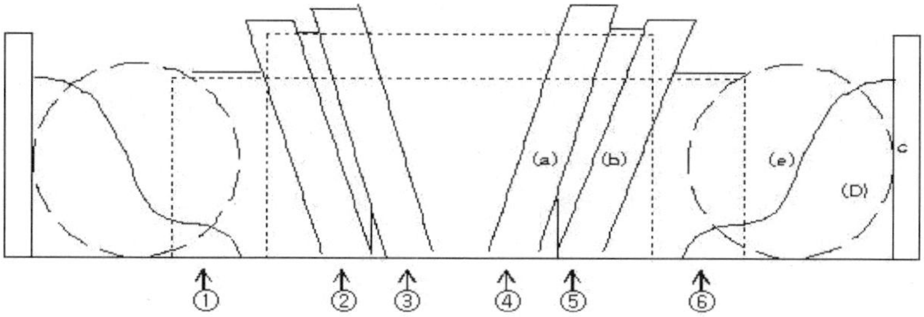

❷ Back Drop 명세서

재료	개수
합 판	3mm(3×6) × 20장
각 목	한치각 × 5단
페인트(수성, 외장용)흰색	염조(청색, 노랑, 빨강, 검정)
붓, 로울러 붓, 물통, 여분의 통	2말, 2벌씩
스티로폼	두께 3mm × 2장 (3×6) 커팅칼(두꺼운 칼) → 글씨 용 두께 1cm × 1장 (3×6) → 줄용
못 2inch, 잔못 1cm	1통
망치 여러 개, 톱 여러 개, 철사	(기둥 묶기 위해)
줄자, 삼각자, 세멘트 못	10개

❸ 무대디자인 프로세스

1. 제작의뢰(프로그램 확정) → 2. 연출자와의 협의 → 3. 컨셉 및 구성요소 연구

4. 자료수집, 디자인 → 5. 연출자와의 협의 (컨셉과 구성요소 협의) → 6. 최종 디자인

7. 각 Part 요구사항 제시 → 8. 축제일까지 진행 및 수정사항 체크 → 9. 축제당일 진행

(4) 무대용어

면적 용어	보통 '평'(3.3㎡)이라는 단위를 사용하지만, 이제 넓이 단위는 '㎡ : 제곱미터'로 통일하여 사용하게 되어 있다. 하지만 '㎡' 보다는 '평'이라는 단위를 아직까지는 많이 사용.
특설무대/가설무대	축제에서 가장 많이 사용하는 무대로 장소, 참가자, 출연진, 시스템, 행사내용 등과 같은 요소에 따라 특별히 제작한다. 행사장소에 있는 기존무대를 변형하여 제작하기도 하며, 요즘은 트러스를 활용한 무대가 많이 제작된다. 축제에서 표현하는 무대는 대부분 이 특설무대 가리킴.
조립식 이동무대 (Movable Stage)	무대가 없는 장소(광장, 체육관, 연회장 등)에 필요에 따라 설치하는 조립무대로서 규격품으로 되어 있어 여러 개를 가로, 세로로 연결하여 무대크기를 자유롭게 조정할 수 있다. 조립무대를 구성하는 포터블(portable)을 축제에서는 흔히 니주라고 말한다.
날개/윙(Wing)	특별히 제작한 가설무대에서 무대 후면 앞부분의 양쪽에 설치한 보드(board)로, 이 날개(wingg)와 백월(back wall) 사이의 공간으로 출연자의 출입동선이 이루어짐.
백월(Back Wall)	특별히 제작한 가설무대에서 무대 최후 면에 설치한 보드(board).
상수	객석에서 무대를 보았을 때 오른쪽. 연출용어로 무대 우측을 맡은 스태프를 상수.
하수	객석에서 무대를 보았을 때 왼쪽. 연출용어로 무대 좌측을 맡은 스태프를 하수.
세트바텐(Set Batten)	각종 공연에 사용하기 위해 제작한 세트장비, 조명기기 등 연출에 필요한 장치를 매달거나, 연출계획에 따라 무대상부에서 세트물을 하강시켜 장면 전환, 공간 분위기 변화 등 다양한 연출효과를 나타내기 위해 사용하는 바텐.
음향반사판 (Sound Reflection Board)	각종 공연 시 원음의 음향이 확산되는 것을 방지하고 충분한 음향이 효과적으로 청중에게 전달될 수 있도록 설치한 벽으로 천장반사판, 측면반사판, 정면반사판으로 구성.
본막/면막 (Main Curtain)	무대 최전면에 설치되어 공연의 시작과 끝을 알릴 때 사용하는 막. 화재나 기타 비상사태 발생시 객석과 무대를 차단시켜 화염이나 연기가스로부터 관객을 보호하는 방화막 역할을 대신하는 막으로도 활용.
오페라커튼 (Opera Curtain)	메인커튼 바로 뒤에 설치된 막으로 주로 공연의 막(幕) 또는 장(場) 사이에 배경을 전환시킬 때 사용.

모형막 (Contour Curtain)	보통 오페라커튼 뒤에 설치되어 주름모양으로 상,하로 접히는 막으로 공연의 시작과 끝에 사용.
인활막 (Draw Curtain)	무대의 양 옆에 일정한 간격으로 여러 개가 설치되어 불필요한 좌, 우 배후의 노출을 차단하고 출연자의 출입을 용이하도록 도와주는 기능을 하는 보충막. 무대 넓이를 조정하는 데에도 사용.
배경막 (Horizontal Curtain)	무대 최후 면에 설치되어 무대 후면의 노출을 방지하고 배경효과를 연출하기 위해 활용하는 조명 투사막.
개방무대	극장에는 일반적으로 관객석과 무대를 나누는 프로시니엄 아치와 두꺼운 막이 있는데, 넓은 의미에서 이런 칸막이나 막이 없는 공간
가설무대	야외공연 시 임시로 설치하는 간이무대.
가변무대	의도한 대로 변화를 가질 수 있는 무대. 객석으로 돌출할 수 있고, 일반 극장식으로도 할 수 있는 무대.

10. 축제 진행의 실제 2(음향)

flying 스피커

(1) 개요

산업사회가 다각화·전문화되어 가면서 소멸되거나 퇴화되어 버리는 분야가 있는가 하면 오히려 더 세분화 되어가면서 발전이 되어 가는 분야도 있다. 축제 분야를 놓고 본다면 과거에 비하여 행사 하나를 진행하는데 있어서 음향 또한 더욱 전문화가 되어 가는 추세이다.

❶ 음향의 의미

음향이란, 축제장에서의 가장 중요한 요소인 소리 전달에 관련된 사항을 다루는 분야를 말한다.

인간 사회에서 소리의 중요성이란 너무나 당연한 것이기에 축제장에서의 소리의 중요성을 거론한다는 것은 우를 범하는 일인지도 모른다. 여하간 지극히 특수한 경우를 제외하고는 소리 없는 무대는 상상할 수 없다. 음악과 그 음악을 바탕으로 하는 몸짓의 무용, 언어와 퍼포먼스 등 연극은 물론 무대에서의 음향이란 절대적으로 중요한 요소를 차지한다.

무대에서의 음향이 일상생활에서의 소리와 구분되는 것은 조화롭게 들려야 한다는 것이다. 물론 미적 감각이 뛰어나며 청중에게 바르게 전달하는 소리의 1차적인 책임은 운용자에게 있으나 모든 책임을 돌릴 수 없다. 예술의 대중화로 인하여 예술가의 자연적인 소리로는 감당할 수 없을 정도로 공연장의 규모가 상당히 커지고 과학기술의 발달로 인하여 예술에 있어 전자 음향 장비의 사용이 불가피해졌다. 그리고 작은 규모의 무대공연이라 할지라도 배경 음악이나 효과음을 위해서, 그리고 편이성과 경제성에 의해서 녹음기 등의 전자음향 장비를 이용한다. 특히 대중음악의 경우 확성 장치 등의 사용은 절대필수적인 것이다. 고전 음악 공연에서도 연주 실황 녹음 등을 위해서 전자 음향 장비를 사용하게 된다. 따라서 현대의 무대음향이란 전자 음향 장비를 다루어 공연장에서 일어나는 모든 소리에 관하여 종합적으로 기술·전문적으로 다루는 분야를 말한다.

❷ 축제에서의 음향의 목적

초기 음향의 목적은 원하는 바를 정확히 전달하는 것이었다. 이른바 P.A.(Public Address)라는 것이다. 하지만 축제에서의 음향은 단순히 목적하는 바를 정확하게 전달하는 것과 아울러 음질의 보다 정확한 보상을 요구한다.

그래서 생겨난 것이 S.R(Sound Reinforcement)이다. 이는 P.A가 갖는 대규모 전달성에 Hi-Fi의 음질보상을 첨가한 개념으로 현대 공연축제에서의 음향이라 함은 모두 S.R.을 가리키게 되었다. 음향에 대한 개념 정립에서 축제에서의 음향의 역할이 자리매김 되었다.

다시 말해 축제에서의 음향은 전달하기를 원하는 내용들을 최상의 음질보상 효과를 거쳐 많은 대중에게 전달하는 것이다. 이것은 목적하는 바를 접하고자 하는 대상에게 전달하는 것과 아울러 그 축제의 분위기 형성에도 많은 영향을 준다.

❸ 축제에서의 음향 구성

음향은 중심축을 이루고 있는 기본기기와 주변기기로 나뉜다.

기본기기는 소리를 내기 위한 최소한의 장비를 가리키며, 여기에는 믹싱 콘솔(Mixing Console), 흔히 믹서(Mixer)라 하고, 파워 앰프(Power Amplifier) 그리고 스피커(Speaker)로 구성된다.

믹싱 콘솔은 마치 그림을 그릴 때의 팔레트와도 같다. 많은 종류의 소리들이 하나로 조화되어 출력이 되는 장비이다.

파워 앰프는 전기적 신호들을 증폭시켜 주는 장비이고 스피커는 전기적 신호들을 물리적 신호들로 변환시켜 줌으로써 궁극적으로 우리들의 귀에 소리가 들리도록 해주는 장비이다. 이런 기본기기만 있어도 소리는 날 수 있다. 하지만 더 좋은 그리고 보다 원음에 가까운 소리를 위해 주변기기들이 존재한다.

대표적인 주변기기로는 이퀄라이저(Equalizer) 흔히 이큐라고 불리고, 이펙터(Effecter), 컴프레서(Compressor), 크로스오버(Crossover) 등이 있다.

❹ 축제에서의 음향기기의 용도

간단히 각각의 용도들을 살펴보면 이퀄라이저는 공연 공간의 주파수 배열을 평행되게 만들어 줌으로써 공연에 맞는 음향 상태를 만들어 주며 하울링을 감소시키는 역할도 한다.

이펙터는 소리의 잔향지연을 조작해 줌으로써 불필요한 소리들을 감소시키며 필요한 소리들을 만들어 낸다.

컴프레서는 과도한 압력을 일정비율로 감소시켜 출력시켜 줌으로써 기기들을 안전하게 보호해 주는 역할을 한다.

크로스오버는 네트워크 디바이딩(Network Dividing)에 사용되어지는 기기이며 이런 음향시스템은 또한 기능에 따라 하우스 시스템(House System), 흔히 메인 시스템(Main system)과 모니터 시스템은 무대를 위한 연주자용 시스템이다. 그리고 레코딩 시스템은 차후 앨범작업을 위한 시스템이다.

❺ 축제에서의 음향의 활용방법

라이브 공연은 밴드가 직접 연주를 맡아서 하는 것으로 실제적인 현장감이 최대의 효과를 낼 수 있는 공연방식이다. 이것은 무대도 충실해 보이고 앨범에서는 느낄 수 없는 라이브 공연만이 가질 수 있는 연출을 가져올 수 있는 반면, 라이브 밴드에 대한 예상과 섭외의 어려움, 보다 많이 요구되는 공연 전 연습과 공연당일의 충분한 리허설 시간 등이 어려움으로 남는다.

또 다른 하나는 M.R.(Music Record)이라 함은 반주만 녹음되어 있는 것을 가리키며 A.R.(Audio Record)은 노래까지 녹음되어 있는 것을 가리킨다. 축제연출자의 입장에서는 라이브 공연이 아닌 경우 노래말은 라이브로 진행되는 M.R. 공연을 지향하는 것이 바람직하나, T.V. 공연이나 공연자가 춤을 위주로 하는 곡을 할 경우 A.R. 공연으로 진행되기도 한다.

이런 M.R. 이나 A.R.에는 여러 가지 종류가 있다.

보통의 카세트 테이프(Cassette Tape), 릴(Real), DA(Digital Audio Tape), CD(Compact Disk), MD(Midi Disk) 등이 있다.

❻ 축제기획자의 역할

축제진행 연출자는 사전에 공연자가 어떠한 M.R이나 A.R.을 사용하는지 정확히 파악해 음향 기술진에게 통보해 주어야 음향기술진에서 그것에 적합한 Player를 준비할 수 있게 된다.

그리고 공연 전에 미리 공연자로부터 M.R.과 A.R.을 건네받아 준비하여야 하며 출연진이 많을 경우 순서적으로 음향기술자에게 전달해 주어야 한다.

음향에 관련하여 축제진행 프로듀서에게 요구되는 또 한 가지는 공연장에 알맞은 음향 음량을 결정하는 일이다. 이것은 공연축제에 매우 중요한 부분이다.

필요 이상의 음향 음량을 결정하여 예산을 낭비하는 일도 없어야 할 뿐 아니라 부족한 음량을 결정하여 공연에 지장을 주는 일도 없어야 한다.

공연장의 규모에 따라 음향 표현 방식의 종류에 따라, 공연 종류, 그리고 실내와 실외에 따라 다양하게 결정된 수 있다.

실내에 비해 실외가, 그리고 라이브 공연에 비해 M.R.이나 A.R.공연이 하울링의 위험 요소가 줄어들기 때문에 음향 장비의 스스로의 출력을 사용할 수 있는 장점이 있다.

보편적으로 실내 체육관에서 3천 명의 청중을 염두에 둘 경우 요구되는 음향 음량은 15kw 이상이 된다. 아울러 원형의 공간이기에 음향 전달의 사각지대(死角地帶)가 발생하기 때문에 보조장비가 요구되기도 한다. 또한 필요 이상의 잔향이 발생하므로 이를 흡수할 수 있는 재료가 필요할 때도 있다. 보통의 공연장인 경우 소극장이 아니라면 5~10kw의 음향 음량이 필요하게 된다.

❼ 진행자의 유의사항

이러한 음향 지식을 가지고 축제진행 연출자가 공연축제를 진행할 경우 주의해야 하고 사전에 미리 점검해야 할 몇 가지 사항들을 살펴본다.

축제진행 프로듀서들에게는 꼭 필요한 사항이니 숙지하여 공연 때마다 점검하여 실수가 없도록 하는 것이 좋다.

① 축제 프로듀서는 음향 기술진에게 정확한 콘티를 지시해야 한다.

음향은 무대, 조명과는 달리 사소한 오차에 의해서도 실수가 두드러져 보이므로 무대 진행에 큰 오점을 남긴다. 따라서 정확히 진행하도록 콘티 자체에 실수가 없어야 한다.

콘티(continuity)에는 곡마다 사용되는 마이크의 개수와 종류, 위치 등이 명기되어야 하며 M.R.과 A.R.의 사용 여부도 정확히 표시한다.

② 음향기술진에게 좋은 연출을 요구할 수 있어야 한다.

음향은 많은 사람들에게 고르게 잘 들리도록 해야 하며 시끄럽고, 부담스럽지 않아야 한다. 따라서 연출자는 음향을 잘 들어보고 음향 기술진들에게 알맞은 음량을 요구해야 한다.

또한 연출자는 사전에 공연에 사용될 음악을 다 들어보고 필요한 부분을 강조하는 연출을 해야 한다.

③ 배경음악을 사전에 결정해 놓아야 한다.

무대에서 출연자가 바뀔 때마다 사이사이 블랭크가 발생하게 되고 또한 청중들의 입장과 퇴장시에도 음악이 필요하게 된다. 이때 유효적절한 배경 음악을 그 공연 분위기를 더욱 좋게 만든다.

연출자는 콘티에 따라 배경 음악을 결정하며, 배경음악의 Play 방식은 사전에 음향 기술진에게 통보해 준다.

④ 연출자는 M.R.이나 A.R의 종류를 사전에 음향 기술진에게 알려 주어야 한다. 그래야 그때 적합한 Player를 준비할 수 있기 때문이다.

⑤ 행사내용의 녹음을 원할 경우 사전에 음향 기술진에게 그 내용을 알려 주어야 한다.

아울러 녹음방식(Track-Recording인지 Multi-Recording인지)에 대해서도 결정해 준다.

⑥ 실외인 경우 기획사 측에서 음향사의 음향 장비 관리에 협조해야한다. 특히 인사 사고에 대비한다.

가령 사람이 꽉 차서 밀릴 때 음향 장비가 무너져 사람이 다칠 수도 있기 때문에 사전에 안정하게 세팅해야 하며 세팅 후에도 주의해야 한다. 또한 갑작스러운 우천에도 대비한다.

음향은 전기를 이용하는 것이므로 사전에 공연장의 전기 상태를 점검해야 하며 전기 상태가 불안정할 경우 발전차를 사용한다. 아울러 각종 사고를 대비하여 기획사는 사고에 대한 책임여부를 음향사 측과 협의하여 명확히 해두어야 한다.

(2) 음의 기초

❶ 음의 발생

음파의 발생 원리 우리들이 일상생활을 영위하고 있는 지구상에는 공기압이 존재한다. 음(Sound) 또는 음파(Sound Wave)란 음원에서 발생한 진동이 공기압의 주기적인 변화를 일으켜서 조밀파의 형태로 전파(Propagation, 傳播) 되는 현상을 말한다. 예를 들면 시그널 제너레이터에서 20Hz 정도의 저주파신호를 대 출력 앰프에 가하면, 스피커의 진동막이 신호에 따라서 앞뒤로 크게 떨리는 모습을 쉽게 관측할 수 있다.

이때, 스피커의 진동막이 앞으로 움직이면 스피커 가까이에 있는 공기는 압축되고, 뒤로 움직이면 팽창된다. 이와 같이 공기의 탄성적인 성질에 의해서 발생하는 매질의 상태변화가 교류적인 물결로 주위에 전달된다고 해서 음을 탄성파 또는 조밀파라고 부르고 있다. 공기압력이 변화하면 음파가 형성된다. 그러나 공기압력이 항상 일정하다면 매우 조용한 상태를 유지하게 된다. 따라서 공기가 전혀 없는 진공상태에서는 음파가 존재하지 않는다.

❷ 음의 분류

우리 주위에서 보편적으로 통용되고 있는 음에 대한 개념은 음파의 상태와 진동에 따라서 다음과 같이 두 가지로 분류한다.

- 음, 그 자체만을 다루는 물리학적인 것

• 음이 인간의 귀에 도달하여 생리적 또는 심리적으로 작용하는 것

여기서 전자를 음파(Sound Wave) 또는 음향(Acoustic)이라고 부르며, 후자를 단순히 음(Sound)이라고 구별한다. 그리고 소리의 발생, 전파(Propagation), 수신 및 이와 관련된 분야를 연구하는 학문을 음향학(Acoustics)이라고 부른다. 음향학은 물리음향, 전기음향, 실내음향, 건축음향, 수중음향, 음악음향, 생물음향, 심리음향, 대기음향 등의 분야로 세분한다.

❸ 음의 기초 개발

① 음의 3요소

• 음의 높이

음의 높이(Pitch)는 음파의 기본음이 가지는 기본 주파수에 의해서 결정된다. 즉, 1초에 440번 진동하는 피아노의 A음(피아노의 정중앙에 있는 A건반의 진동수를 440Hz로 정하여, 이것을 국제피치라고 부르고 있다.) 은 440Hz의 음높이를, 1초에 880번 진동하는 음은 880Hz의 음높이를 가진 A음을 낸다. 따라서 주파수가 높은 음은 높게, 주파수가 낮은 음은 낮게 들린다.

'낮은 도'음에서 다음의 '높은 도'까지의 음계를 1옥타브(Octave)라고 부르는데, 1옥타브의 주파수는 낮은 '도'음의 2배가 된다. 즉 1옥타브 위의 음은 기본 주파수에 대해 2배의 주파수, 2옥타브 위의 음은 4배의 주파수만큼 높은 주파수의 음을 의미한다.

• 음의 크기

음의 크기(Loudness)는 음파의 진동진폭의 대소에 의해서 결정된다. 즉, 진폭이 큰 음은 크게, 진폭이 작은 음은 작게 들린다.

• 음색

음색(timbre)은 앞에서 설명한 바와 같이 음파를 구성하는 고조파의 존재 상태(배음구조)에 따라서 다르게 느껴진다. 즉, 외형상으로 매우 비슷한 악기라고 해도 고조파 배열과 크기가 달라서 두 악기는 서로 다른 음색을 가진다.

② 음의 진행과정

소리는 물체의 진동에 의해 생긴다. 이 진동은 주변 공기의 압력을 변화시키며, 이 압력의 변화는 다시 그 주변 공기에 영향을 주어 상하좌우 모든 방향으로 파동의 형태로 전달된다. 우리 귀에 전달된 진동은 귀의 내부 구조에 의해 분석되어 뇌에 전달되고 뇌는 이미 기억하고 있던 진동의 내용에 따라 그 소리를 인식한다.

그러므로 소리는 발생(generation)과 전달(propagation) 그리고 청취(reception)의 세과정이 있어야 성립되며 어느 한 과정도 빼놓아서는 안 된다. 발생 과정이 없으면 소리가 아예 존재하지 않는다. 전달 과정이 없는 진공 속이나 또는 장애물에 막혀 소리가 전달되지 못한다면 소리 또한 없는 것이다. 소리가 전달된다 해도 너무 높아 사람이 들어서 인식할 수 없다면 초음파, 즉 소리의 한계를 넘은 소리로 분류하여 '소리'라고 하지 않는다.

③ 음의 종류

소리의 종류는 여러 가지 관점에서 다양하게 나눌 수 있으나 소리 진동의 형태에 따라 순음(pure tone)과 고른음(musical tone), 소음(noise)의 세 가지로 구분한다.

순음은 배음을 갖지 않는 단 한 개의 기본음 주파수만을 갖는 음을 말하는데, 자연계에는 거의 존재하지 않는다. 이 순음의 파형은 사인파로서 이론 연구 및 음합성 등에 많이 쓰인다.

고른음은 관악기나 현악기에서처럼 진동이 규칙적으로 고르게 일어날 때의 소리를 말한다. 이 경우 가장 크게 들리는 기본음과 보다 작고 기본 주파수의 정수배로 형성되는 배음들을 가진다. 배음들은 순정적인 장화음의 성격을 갖고 잘 어우러지기 때문에 음악적인 소리(악음; musical tone)라 하며, 하나의 소리(단음; single tone)로 들린다.

북과 같은 진동이 불규칙하여 정수배의 배음이 아닌 복잡한 비율의 배음을 갖게 되면 배음들 간의 불협화로 인하여 시끄런 음, 즉 소음(noise)이 된다. 자연의 파도나 바람, 천둥소리 등이 이에 속하며 연구 및 측정 등을 위해서 인위적으로 조작하여 만든 백색 잡음(white noise)과 핑크색 잡음(pink noise) 등이 있다.

이 외에 소리를 내는 주체에 의해 자연음과 비자연적(인위적)인 음으로 나누기도 하며, 인성을 따로 떼어내어 구분하기도 한다.

인성의 경우 일반적인 대화의 소리는 시간적으로 매우 불규칙한 비주기성의 음이며 자음은 소음, 모음은 고른음에 속한다.

인위적으로 순음을 합성하거나 배음을 조작하여 다양한 형태의 고른음과 소음 등을 만들

수 있는데, 이 경우를 복합음(complex tone)이라고 한다.

④ 소리의 요소

요즘 TV에서 사람의 얼굴을 모자이크 처리하고 그것도 모자라 목소리까지 변조하는 것을 볼 수 있다. 사람은 목소리만 들어도 그가 누구인지를 짐작할 수 있다. 이처럼 인성을 인식하여 기억하고, 수많은 종류의 소리를 구분할 수 있는 것은 각각의 소리에는 고유의 특성이 있기 때문이다. 이 소리를 정의하고 나타내는 데는 일반적으로 소리의 높이(pitch), 소리의 크기(loudness 혹은 sound intensity), 소리의 빛깔(음색, timbre), 소리의 장단(지속 시간, duration)의 네 가지 요소를 사용한다. 소리의 높이는 주로 음 진동 주파수의 높낮이와 관계가 있고, 소리의 크기는 주로 음압의 크기와 음색은 주로 진동 형태에 따라 형성되는 스펙트럼과 소리의 장단은 1차적으로 진동의 지속 시간과 관계가 있다. 사람이 심리적·감각적으로 느끼게 되는 소리의 부드러움과 날카로움, 소리의 원근감, 시끄러움과 조용함, 조급함과 편안함 등은 이러한 요소들의 복합적인 작용에 의해 나타난다.

이 소리의 요소들을 진동 현상부터 체계적으로 이해해나가도록 한다.

(3) 마이크 사용법

❶ 마이크

적절한 수음을 위한 마이크 배치는 특정상황이나 조건에서 살펴보는 것이 필수적이지만 이러한 상황이나 조건들은 실생활에서 많은 변화를 보인다.

① 마이크 설치의 두 가지 규칙

• **단순함**

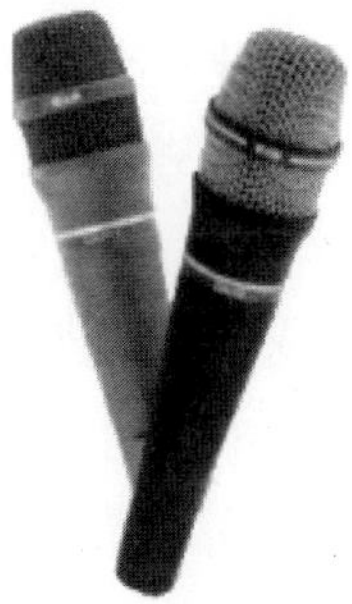

마이크

한대의 필요한 곳에 두 개의 마이크를 설치하는 것은 옳지 못하다. 마이크가 적게 사용되면 될수록 위험발생률은 그만큼 줄어든다. 마이크 근접효과라든지 역위상(opposite phasing)으로 인한 상쇄효과 등을 명심한다.

• **적절한 수음을 위한 필수요건과 관련**

때로는 하나의 악기라 할지라도 한 개 이상의 마이크가 필요한 경우도 있다. 때때로 일차적인 음원의 취음을 위해서라기보다 근접해 있는 악기의 취음을 방지하기 위해 더 많은 각도를 준다.

따라서 마이크의 배치는 마이크의 조화라고 한다. 원하는 소리를 얻기 위해서는 올바른 방향으로 설치해야 하고 올바른 주파수 특성(frequency response)에 따라 설치해야 한다. 올바른 수음의 패턴은 원하는 소리를 위한 것일 뿐만 아니라 불필요한 소리를 배제시키기 위해서도 필요하다. 올바른 주파수 특성곡선은 저음 근접효과나 고주파수 롤-오프(roll-off)를 포함 혹은 배제하기 위해서 선택된다.

② 무지향성 마이크와 지향성 마이크

오퍼레이터(operator)는 원치 않는 소리를 배제하기 위해서 무지향성(omnidirectional) 마이크나 지향성(directional) 마이크 중의 하나를 선택한다. 소리의 분산을 피하기 위해서 지향성 마이크의 사용이 필요할 경우가 아니라면 무지향성 마이크를 설치한다.

• 무지향성 마이크

기계잡음, 숨소리와 바람으로 인한 잡음을 막기 위해 효과적으로 사용되며 지향성 마이크보다 폭넓은 주파수 특성을 갖는다. 일단 적절한 마이크 유형을 선택 한 뒤에 오퍼레이터는 그 다음으로 마이크 설치의 장소를 결정한다. 그러나 조작자의 마이크 유형 선택은 위의 언급에도 불구하고 어려운 문제가 된다. 왜냐하면 주로 카디오이드(cardioid)인 지향성 마이크는 값이 비싼데 사람들은 갈채를 받을만한 작업을 하기위해 더 비싼 장비를 사용하려는 경향이 있다. 마이크의 배치는 아주 중요한 요인으로서 마이크와 음원 사이의 거리, 카디오이드 마이크의 경우 음의 수용 혹은 거부의 영역 및 각도 등을 감안해서 필요하다면 여러 번 재조정한다.

음파는 거리자승 반비례법칙에 따라 음원과의 거리가 멀어질수록 감소한다. 따라서 마이크가 음원으로부터 이동하는 만큼, 더 적은 소리가 수음된다. 동시에 음원과 거리가 멀면 멀수록 마이크는 불필요한 소리에 가깝게 된다. 마이크의 배치는 음원에 가까이 하되 소리의 특성에 따라서 설치한다. 예를 들어 어떤 소리(음악)는 여러 가지 음원(악기)이 있을 수 있고, 또 어떤 것은 약한 소리를 내고 어떤 것은 강한소리를 내며 재즈 트럼펫이나 색스폰 등 움직임이 있는 음원도 있음을 고려한다.

- 지향성 마이크

배치 각도를 위해서 오퍼레이터는 마이크의 지향 특성과 음의 방사특성(드럼가죽-날카로운 소리, 첼로-이어지는 소리), 수음될지도 모르는 불필요한 소리의 근접과 방사특성(Radiaction)을 알고 있어야 한다. 게다가 거리와 각도를 생각할 때 장소가 실내냐 실외냐를 고려한다. 양자 간에는 분명한 차이가 있는데 예를 들어 실외에서는 음의 반향을 거의 혹은 전혀 느낄 수 없다. 아울러 고려해야 할 사항으로 마이크가 청중에게 보여도 되는지, 음악연주자가 팝 그룹인지 교향악단인지 등을 감안한다.

소리의 반향이 없는 실외의 경우 음원과 밀접한 설치가 요구되며 실내에서 연주되는 교향악단의 연주는 홀의 반향에 의한 혼합음이기 때문에 한 쌍의 스테레오 마이크를 대략 교향악단 앞 15번째 객석 위로 높게 설치한다. 보이지 않는 마이크는 텔레비전 드라마나 영화에서 사용된다.

음악의 수음에 있어서 마이크의 주파수 특성은 연주되는 악기의 음역을 포괄할 수 있을 정도로 넓어야 한다. 움직이는 악기에는 마이크를 밀착하여 설치하기 힘들기 때문에 부착형 마이크를 종종 사용한다. 이 마이크의 출력은 대개 무선 송신기로 보내지기 때문에 연주자가 움직일지라도 마이크 수음에는 지장을 주지 않는다.

❷ 목소리 수음

① 한 명의 목소리

목소리 수음을 논할 때 가장 먼저 살펴볼 것은 한사람의 목소리 수음이다. 우선 라디오 스튜디오의 상황을 자세히 살펴보기로 한다. 먼저 진행자의 자세가 서있는 자세인지, 앉아 있는 자세인지를 결정해야 한다. 아마추어 진행자의 경우 대개 대본이나 메모를 관리할 수 있도록 앉아서 하는 경우가 많다.

마이크를 진행자 앞에 놓고 턱 정도의 높이에 고정시킨다. 진행자는 마이크의 시작 위치가 되는 변환기에 똑바로 향하든지 45도 각도를 유지한다. 마이크 음량을 조절하고 적절한 각도를 최종적으로 결정한다. 아마추어 진행자일 경우 목소리에 이상이 있거나 재채기가 나올 경우를 대비해 수신호를 가르쳐 준다. 또한 사전에 종이에 끼어 있는 클립이나 스테플을 제거시키도록 한다. 대본 넘기는 소리나 팔찌 등의 장신구 소리, 발소리가 나지 않도록 주의를 주고 마이크 앞에서 움직이지 말 것과 테이블을 큰소리로 치지 않도록 주지시킨다. 마지막으로 시작 수신호를 보도록 지시하고 프로그램의 종결부분에서 수신호 해줄 것을 당부한다.

② 두 명의 목소리

인터뷰와 같이 두 명이 참가하는 프로그램은 일반적으로 두 개의 마이크를 사용하며 필요한 경우 카디오이드(cardioids) 마이크를 설치한다. 두 명의 화자는 서로 마주 앉아 각각 한 개의 마이크를 사용한다. 음량조절 시에 콘솔에서 소리의 균형(balance)을 맞춘다. 한 개의 마이크만 사용된다면 목소리가 작은 사람 쪽으로 배치한다. 마이크 스탠드 없이 마이크를 손으로 잡는 경우, 인터뷰하는 사람이 마이크를 잡고 화자가 바뀔 때마다 옮겨가며 사용하고 아울러 오퍼레이터는 두 사람 목소리가 바뀔 때마다 재빨리 출력이득을 조절한다.

③ 여러 명의 목소리

원형 테이블에서 갖는 시사토론회 등이 여러 명의 목소리를 수음하는 예가 된다. 지정좌석에 앉아 있는 참석자들 앞에 카디오이드 마이크를 설치하거나 넥타이핀형 마이크를 부착시킨다. 마이크는 사람 수대로 콘솔에 연결하되, 각각 왼쪽에서 오른쪽으로 포트를 차례대로 배정한다. 마이크 분류에 유의하고 전체 음량의 균형을 맞춘다. 방송 중에는 참석자들의 마이크가 켜져 있는 상태인지 꺼져 있는 상태인지 주의 깊게 관찰한다. 마이크를 모두 켜놓을 경우, 오퍼레이터는 편리하지만 잡음이 발생하기 쉽고 토론의 질서가 깨어지기 쉽다. 방송 중에는 보조믹서 포트나 마스터 포트를 이용해 전체 출력이득을 조절한다.

❸ 음악 수음

① 모노 음악

하나의 악기 수음을 위해서는 그 악기에 따른 적절한 위치에 마이크를 설치한다. 일반적으로 그 위치는 소리가 나오는 부분, 즉 트럼펫, 클라리넷, 색스폰 등은 벌어진 입구를, 바이올린이나 첼로 등은 5자 구멍을 말한다. 목관악기(wind instrument)는 금관악기(brass)보다 마이크를 밀착시킨다. 한편 그랜드 피아노에 마이크를 설치하는 방법은 여러 가지가 있다. 일부 오퍼레이터들은 피아노 덮개를 45도 가량 기울게 열어 놓고 마이크를 밀착시키되 해머선과 수직이 되게 하여 반사판(lid)에서 반사되는 음을 모을 수 있도록 한다. 또 어떤 오퍼레이터는 넥타이핀형 마이크와 같이 움직이기 쉬운 마이크를 피아노 금속선반의 세 번째 구멍에 설치하기도 한다. 세 번째 방법은 두개의 다이내믹 마이크를 사용하는 것으로 그 하나는 건반을 향해서 금속선반의 두 번째 구멍에 직각으로 설치하고 다른 하나는 반사판(lid)의 앞뒤 사이의 중간부분에 건반과 45도 각도로 설치한다. 두개의 마이크는 이득의 균형을 맞추기 위해 각각 따로 입력된다.

바이올린, 비올라, 첼로에 마이크를 너무 밀착시키면 로진(rosin)에 의해 나는 잡음이나 활에 의해 나는 잡음이 들리게 된다. 또한 목관악기에 마이크를 밀착시키면 혀나 타액에 의한 잡음이 나기 쉽다. 이와 아울러 마이크 위치는 연주자의 팔운동, 생방송의 관객 등을 고려해야 하고 마이크가 연주자의 얼굴이나 악기를 가려서는 안 된다.

② 스테레오 음악

스테레오를 위해서는 두 개의 마이크를 사용하는데 왼쪽 45도에 한 대와 오른쪽 45도에 한 대가 놓여지며, 각각은 분리된 입력 채널이나 하나의 스테레오 입력 채널로 보내어진다. 모노음을 위해 설치했던 측면 마이크는 제거하거나, 좌우 메인 마이크를 보조하기 위해 사용한다.

③ 음악그룹

악단의 모노수음에서의 주된 관심은 관객에게 직접 전달되는 음의 융합이다. 이것이 중요하게 여겨지는 이유는 콘솔에서 음이 융합 될 때 마이크의 위치가 그것의 음색을 결정하기 때문이다. 8~10명으로 구성되는 소규모 악단은 대개 3개의 마이크를 사용하는데 중앙, 좌우에 각각 설치한다. 중앙에 위치한 마이크가 우선적으로 열리고 좌우 마이크는 음의 균형을 위해 사용된다. 팀파니 쪽에서는 이득을 줄이고 리드(Reed)부 쪽에서는 이득을 올린다. 오퍼레이터는 적절한 음의 균형을 위해서 좌우 마이크의 위치나 각도를 조절한다. 솔로 연주자는 중앙이나 좌, 우 마이크의 앞쪽으로 나오도록 하고 마이크는 악기의 높이에 맞게 설치한다.

대규모 교향악단의 모노수음의 경우 소규모 악단에서 사용되는 기술을 확대해서 적용하면 된다. 중앙의 마이크 한대는 전체 음을 포괄하고 소규모 악단에서 보다는 보다 앞쪽으로 설치하며 그 거리는 약 60cm, 높이는 45~60cm가 적당하다. 마이크는 천정에 매다는 것이 좋으며 스탠드로 설치할 경우에는 관객의 시야에 방해물이 되어서는 안 된다. 좌우 쪽에는 오케스트라를 현악이나 관악 등 특정분야나 악기별로 분류하여 여러 개의 마이크를 설치하되, 이 악기들은 팀파니나 혼보다는 음량 면에서 비교적 작은 볼륨을 갖고 있음을 감안해야 한다.

적절한 수음을 위해 요구되는 음의 조화의 어려움 때문에 마이크 설치의 유형은 적당한 연습시간이 주어지지 않으면 음의 혼돈(chaos)을 초래하게 된다. 음의 균형이 갖추어지면 오퍼레이터는 마스터 포트나 보조믹서 포트로 전체 이득을 조절한다. 성악가나 솔로연주자, 아나운서에게는 오케스트라의 중앙 혹은 어느 한쪽에 각각 다른 마이크를 설치해야 한다. 이런 경우 마이크는 사용될 때만 열리게 되며 이득은 오케스트라와 솔로 연주자가 균형을 이루도록 한다.

마이크의 음향반응은 실내구조에 의해 영향을 받는다. 건물의 구조, 벽과 지붕의 각도, 바닥의 재질 그리고 가장 중요한 것은 관객의 흡음효과다. 오퍼레이터는 리허설 동안 마이크의 균형을 맞출 때 이 사항을 반드시 명심해야 한다. 왜냐하면 관객으로 인해 음의 반향이 훨씬 줄어들기 때문이다.

④ 다중녹음

음악의 다중녹음은 모노의 수음과는 완전히 다르다. 이를 위해서는 오케스트라의 각 부분에 개별 마이크를 설치한다. 각각의 채널은 통제된 스튜디오 상황 하에서 나중에 혼합된다. 오퍼레이터는 각 부분의 수음을 정확하게 해야 하고 가능한 한 부분 간에 오버랩 현상이 없도록 해야 한다. 이렇게 해야 나중에 음의 균형을 맞추는데 어려움이 없다. 다중녹음의 체계는 연주가 진행되는 동안 두 트랙으로 즉시 믹스 다운되는 변형도 가능한데 이는 교향악단의 지휘자나 감독과 같은 제작자나 방송비평가 등이 녹음 후 이를 선택적으로 듣고 난 뒤 재 연주 여부를 결정할 수 있게 해준다.

음악적으로 완전히 반대 장르인 4인조 록 그룹에 있어서, 연주와 함께 노래를 할 경우 각각 두개의 마이크를 설치, 총 8개를 설치한다. 각각의 마이크는 개별 채널로 입력된다. 증폭된 악기는 앰프 스피커 앞의 마이크로 수음된다. 드럼을 제외한 모든 악기는 마이크와 밀착시키고 보컬 마이크는 손으로 잡을 수 있도록 한다.

마이크의 위치나 케이블의 양은 그룹 멤버가 연주 중에 얼마나 움직이냐에 따라 결정 한다. 합창단은 알토, 소프라노, 테너, 베이스의 네 파트로 나누어 배열시키거나 네파트의 구성원을 한 명씩 묶어 배열시킬 수도 있다. 합창단이 이렇게 분리 배열되면, 각 파트는 개별적으로 수음되고 혼음과정을 통해 4부 합창이 이루어지게 된다.

❹ 몇 개의 마이크를 설치할 것인가?

마이크의 수를 결정하는 유일한 방법은 최소 필요량을 파악하는 것이다. 스테레오 녹음 시에는 최소한 두 개의 마이크가 필요하고 드럼세트에는 각각의 드럼과 심벌 등 각 진동면을 위한 여러 개의 마이크가 필요하다.

가수가 통기타를 치면서 노래를 부를 때는 하나의 마이크 스탠드에 두 개의 마이크를 설치한다. 피아노의 경우에는 위에서 이미 살펴본 바가 있으므로 생략한다.

❺ 소리배제

마이크 설치이전에 특히 실내에서는 모든 것을 멈추고 주위에서 나는 소리를 들어 보아야 한다. 대개의 경우 주위에서 나는 소리란 송풍기나 에어컨, 문이나 바닥의 삐걱거리는 소리나 방향 등을 말한다. 박수를 한번 쳐보아 반향의 정도를 측정해 본다. 마이크는 사람의 귀와는 달리 원치 않는 소리를 여과하지 못한다는 것을 명심해야 한다.

(4) 음향용어

마이크(Mic, Microphone)	소리에너지를 전기에너지로 변환시키는 기구로 여러 가지 종류가 있지만 다이나믹 마이크(일반 마이크), 콘덴서 마이크, 무선마이크(wireless mic), 핀(pin)마이크 등이 축제에서는 많이 사용.
모니터(Moniter)	음향에서 모니터는 무대 위에 출연자용으로 설치하는 스피커. 특히 콘서트와 같은 공연에서는 모니터의 역할이 대단히 중요.
믹서(Mixer)	마이크로부터 입력된 소리를 조절하고 합성시키는 믹싱 콘솔. 음향의 믹서(Mixer), 조명의 컨트롤러(controller), 영상의 스위처(Switcher)가 콘솔 운영의 주요장비.
스피커(Speaker)	앰프에서 증폭시킨 전기신호를 소리신호로 전환하여 외부로 출력시키는 기기.
앰프(Amplifier)	증폭기. 혹자는 스피커를 앰프라고 부르는데 이는 엄연히 다른 기기.
오디오(Audio)	라틴어의 audio(I hear : 나는 듣는다)로부터 유래된 말로 축제에서 음향이라는 단어 대신에 오디오라는 말을 쓰기도 함.
잡음(Noise)	주파수 대역 내에서 생기는 잡음과 전송기기에서 입력신호의 유무에 상관없이 생기는 잡음을 말하며, 주로 증폭기와 변복조기 등의 능동 회로에서 일어난다. 어떤 음향기기든 잡음을 완전히 제거할 수는 없음. 따라서 음향 스태프의 능력을 평가하는 방법은 여러 가지가 있지만 바로 이 잡음을 극히 최소화하는 세팅(setting)을 보고 평가하기도 함.
콘솔(Console)	음향기기 중에서 입력(마이크)기기와 출력(스피커)기기를 제외하고 믹서, 앰프, 이펙터, 이퀄라이저, 기타 주변장치들을 모아 놓은 스위칭(switching) 데스크.
하울링(Howling)	증폭장치인 앰프에서 만들어진 전기신호를 스피커를 통해 출력시키고 이 음이나 진동이 마이크와 같은 입력장치에 들어와 다시 증폭되어 출력되고 그 출력음이 다시 입력장치에 다시 들어가 되풀이 되는 과정에서 생기는 '부~웅' '삐~이'하는 저주파 발진음. 보통 스피커에서 마이크로 피드백 되어 생기는 듣기 싫은 소리를 의미.
Aux단자(Auxiliary)	보조입력단자로 외부 주변기기를 연결할 경우 사용.

AR테이프 (Audio Recorded Tape)	가수의 노래와 반주가 함께 녹음되어 있는 테이프로 축제에서는 보통 AR이라고 말한다. 즉, 가수는 노래는 하지 않고 입만 움직이는데 이런 행동을 립싱크(Lip Sync)라고 함.
BGM(Back Ground Music)	효과적인 분위기를 연출하기 위하여 사용하는 배경 음악축제연출자가 음향에서 제일 중요하게 생각하고 항상 연구할 부문.
MR테이프 (Music Recorded Tape)	가수의 노래 중에서 반주만 녹음되어 있는 테이프로 축제에서는 보통 MR이라고 말함.
PA 시스템(Public Address)	대중연설의 약자인 PA와 결부시켜 음향에서는 대·소규모의 집회장소에서 이루어지는 안내방송과 연회장, 세미나, 컨벤션 등 기타 행사장소에서 외부 출력기기로 사용하는 확성장치. 청중들에게 들려주는 모든 오디오시스템을 총칭하여 PA시스템이라고 하며 축제에서는 보통 PA라고 말함.
SR(Sound Reinforcement)	청중을 위해 소리의 강도를 높이고자 확성기를 사용하는 것으로 PA보다 한 단계 위하고 할 수 있는 공연장의 음악 확성 등을 말함.

11. 축제 진행의 실제 3(조명)

(1) 무대조명

❶ 무대조명의 개요

현대사회는 급격한 변화를 겪고 있고, 변화를 요구받고 있다.

조명분야도 예외일 수는 없다. 과거에는 다양한 축제들과 함께 기자재 부족, 수준 미흡, 경험 부족 등 열악한 환경이다. 축제 행사의 목적은 '기존의 닫힌 공간에서 벗어나 자연과 관객이 하나가 되는 것을 말하는 것이기도 하고, 열린 마음으로 한발 다가가서 현장감을 살리는 것을 목적'이라 해도 틀린 말은 아니다. 그렇지 않으면 행사장을 이용하는데 있어서 시설이 전혀 되어 있지 않은 경기만을 치르는 곳인 종합경기장이나 체육관으로 할 수도 없고, 넓은 들판에서 자연과 벗 삼아 행사를 할 수도 없다. 관객과 호흡을 같이 하면서 만들어지는 생동감을 느낄 수 있게 한다.

무대조명의 예

과거에는 야간에 밖에서 행사를 전혀 할 수도 없거니와 밤을 밝혀 줄 빛조차 변변하지 않았기 때문에 밤은 두려움과 악의 상징이었다. 지금은 빛의 용도가 너무나 무한해서 정의를 내리기에 무리가 있을 정도다. 현대를 살아가면서 반드시 필요한 빛이 실생활뿐만 아니라 즐거움과 예술을 나타내는 것으로도 다양하게 사용되고 있기 때문이다.

❷ 축제에서의 조명의 필요성

무대를 구성하는 기본 요소인 세트 디자인을 할 때 대개의 디자이너들은 조명의 색감이나 구성을 염두에 두고 세트 구성을 하게 된다. 조금은 왜소해 보이는 세트들도 조명이 들어가면 색다른 느낌을 연출한다.

❸ 조명의 개념 이해

이렇게 무대와 불가분의 관계를 가지고 있는 조명을 일차적으로 무대 위의 피사체를 단순히 밝혀 주는 아름다운 불빛을 의미하고, 나아가서는 무대의 색깔을 다양하고 아름답게 표현하기도 하고, 화려한 불빛들로 무대의 전체적인 분위기를 고조시키는 개념으로 이해하면 된다.

조명의 역할에 맞추어 개념 정리를 하면 다음과 같다.

조명은 예전에는 무대 위의 피사체를 밝혀주는 역할에서 출발했다. 그러나 지금은 피사체를 밝혀주는 기본적 필요성 이외에 무대전시 효과(시각적 · 감각적)를 더 중요시하고 있다. 따라서 어떻게 하면 좀 더 아름답게 그림을 만들어 낼 것(연출)인가를 두고 조명 디자인까지 생각하게 된다.

그런 추세로 인해 조명 기사(Operator)에 대한 명칭을 조명 디자이너(Lighting Designer)라는 말로 새롭게 사용한다.

❹ 조명의 종류와 기능

축제기획자는 행사를 기획하고 관리, 감독하는 모든 역할을 담당하는 사람인데 행사 준비 기간 중에 필수적으로 따르는 조명 섭외와 설치에 대해서는 특별한 지식과 관심 없이 제작업체에 단순한 수주를 하는 것으로 역할을 끝내는 경우가 대부분이다.

조명의 기본적인 개념 이해와 종류, 기능별 효과, 조명 준비 기간 등 기초적인 상식을 갖고 축제에 맞는 조명 섭외를 해나간다면 여러 모로 도움이 된다.

축제기획자가 무대연출을 겸할 경우에는 조명에 대한 보다 가져야 함은 필수적이다.

우선, 조명의 종류부터 살펴본다.

다음과 같은 조명들이 많이 쓰이는 장비들이다.

- 파 라이트(Par Light) : 대파(Large Par), 소파(Small Par)
- 특수조명(Effect Light) : 발리 시스템, 스캐너 시스템
- 핀 스팟(Pin Spot) : 롱핀(Long Pin)
- 매그넘(Magnum)

대략적으로 이렇게 나누어 볼 수 있지만 20세기 이후 오늘날까지 축제에서 사용하고 있는 빛의 종류는 무려 수백 가지나 되고 이 모든 것이 최근 10년 이내에 새롭게 개발되었다.

파 라이트

실제 무대에서의 파 라이트

① **파 라이트**

조명의 가장 기본적인 요소로 사용되는 파 라이트(Par Light)는 주로 무대를 밝혀 주며 전체적인 무대의 색깔을 통한 톤(tone) 조절을 하는 역할을 한다.

파 라이트만 가지고도 축제 진행에는 큰 무리가 없을 정도로 매우 기초적이자 필수적인 조명이다. 파 라이트는 크기와 용량에 따라 다시 대파와 소파(약칭)로 나뉘어지는데 대파는 크기에 있어서는 소파보다 크고 전력량에 있어서도 1kw로 빛이 많이 퍼지므로 파장이 멀리 가지 못하며, 이로 인해 효과 면보다는 무대 전체의 톤 조절에 역할의 포인트가 있다.

소파는 전력량이 500kw로 빛이 멀리까지 뻗어나가 강렬한 느낌을 만들어 낸다. 대파와 같이 무대의 톤 조절에도 사용되지만 효과적인 감각적인 느낌의 그림을 만들어 낼 때 주로 많이 사용한다.

파 라이트 조명은 기본적으로 대부분 조명 구조물 즉 아시바 트러스 등과 기존공연장의 바텐에 설치한다. 이러한 기본적 사용 방법에다 여러 가지 셋업 방법을 연구해 파 라이트를 효과적으로 사용하면 좋다. 예를 들면, 바닥에 깔아서 사용(back light 효과)하기도 하고, 기본 세트 뒤에 컬라링을 해서 새로운 분위기를 만들기도 하고, 연극이나 뮤지컬에서는 무대 옆에 자바라 스탠드를 통해 그림선(線)을 잡는다. 대중 콘서트에서는 back light 효과를 위해 아시바를 뒤편에 많이 설치하는 편인데 적절한 컬러 선택도 중요하다. 강력한 선을 연출하기 위해 컬러 없이 white(무색소)를 즐겨 사용한다. 공연장에서는 이러한 효과 이외에도 객석을 밝히고, 무대 정면을 밝히는 데에도 대파가 사용된다(white).

아시바 구성도 그림을 만들어 내는 데 중요한 역할을 한다. 조명 디자인을 회의할 때 축제 기획자 또는 연출자가 미리 생각한 그림이 있으면 서로 협의해 좋은 그림을 만들어 내는 데 최선을 다해야 한다. 필자의 경우 아시바 설치는 직접 지시를 하는 편이다. 밴드가 있는 라이브 공연이나 여러 출연자가 있는 복합식 공연이나 아시바의 구성이 늘 사용하는 그 방법이라면 식상할지도 모르기에 조심해야 한다.(물론, 그림구성(조명 디자인)은 다르다.) 예를 들면, 양쪽 사이드에 3폭에 4단 높이 구성, 뒷면 전체에 6폭에 4단 높이 수성, 뒷면을 4등분하여 2폭 3단씩 4개의 그림 구성, 뒷면을 4등분하여 1폭 2단씩 4개의 그림 구성 등 다양한 구상이 필요하다.(물론, 대규모 공연일 경우 높이와 폭이 더 확장된다.)

② 특수조명

최근에는 아시바와 아시바 사이에 1자형 구조물을 추가 설치래 소파의 강렬한 빛을 효과적

특수조명

으로 실어내기도 한다(+형, X형 등).

특수조명(효과 조명)은 무대의 극적인 효과를 살리고, 무대의 기본색을 파 라이터로 잡으면 전체적인 분위기를 고조시키는 역할을 담당하는 조명이다. 하나의 조명으로 여러 가지 빛의 모양과 색깔을 빚어내고, 빛의 모양이 움직임까지 가을한 조명으로 공연장에서나 TV 쇼 프로그램에 빼 놓을 수 없는 중요한 조명이다.

특수조명(효과 조명)은 움직임의 원리에 따라 발리 시스템과 스캐너 시스템으로 다시 구분된다. 발리 시스템은 특수조명의 꽃으로 불리우는데 조명 자체가 움직이며 360도 회전이 가능한 특징을 가진다. 따라서 움직임의 폭이 넓으며 스캐너 시스템보다 더 많은 컬러와 모양을 연출할 수 있다. 발리 시스템으로 사용되는 조명의 이름은 발리, 신크로 라이터, 나트(최근에 많이 사용) 등이 있다. 스캐너 시스템은 발리 시스템보다 움직임의 폭이 좁은 편이다. 빛이 거울의 반사에 의해서 움직임으로 18도 회전밖에 이루어지지 않는다. 스캐너 시스템으로 사용되는 조명은 쥬피터, 사무라이 1.2, 골드 스캔, 프로 스캔, 플라이 등이 있다. 이 특수조명의 적절한 사용은 공연을 진행하는 데 크게 도움을 준다. 아시바에 동일한 느낌으로 셋업되기도 하고, 버튼에 달아 사용하기도 한다. 서치라이트 효과 같은 분위기를 위해 바닥에 깔아 사용하기도 한다. 버튼에 설치를 할 경우 기계의 하중이 있기 때문에 버튼이 소화 할 수 있는 용량을 체크하는 것이 매우 중요하다. 대개 짝수로 특수조명을 사용하고 사용을 위한 렌탈 비용이 적지 않게 든다는 것을 축제기획자는 감안해야 한다.

③ 핀 스팟

핀 스팟

다음으로 핀이라는 조명이 있는데 많이 사용하는 이름으로 롱핀이라 불리운다. 무대 위의 피사체의 어느 한 부분만을 살릴 때 쓰이는 조명이다. 출연자, 로고물, 마크 등 특정한 부분을 드러나게 하는 데 사용된다. 롱핀의 위치는 기본적으로 무대 정면 45도 정도의 높이에 설치한다. 최근에는 무대 정면이 아닌 측면 4면에서 롱핀을 비추어 그림을 만들기도 하고 정면과 후면에 동일한 각도로 롱핀을 설치해 사용하기도 한다. 롱핀의 기본 칼라는 화이트이고 엠바를 적절히 섞어서 사용하기도 하며 직접 사람이 오퍼레이팅을 하는데 잠시라도 한눈을 팔면 그림을 놓치는 경우가 있으므로 주의를 요한다. 롱핀의 에어리어는 피사체가 사람일 경우 전면을 다 잡지 않고 허리까지만 얇게 잡는 것을 기본으로 한다.

④ 매그넘

매그넘은 무대에서 관객을 향해 쏘아 주며, 여러 가지 빗살이 회전을 하며 독특한 그림을 연출한다. 무대의 중심 바닥에 설치해서 사용하기도 하고 무대와 객석에 설치해서 전체를 대상으로 조화로운 그림을 만들어 내기도 한다. 최근에는 뒤편 구조물(트러스)의 왼쪽 끝, 중앙, 오른쪽 끝 세 곳에 설치해서 아름다운 빗살무늬를 만들어 내는 등 사용방법은 디자인에 따라 다양하게 사용하기에 적합한 조명이다. 매그넘보다 용량이 큰 부스터하는 이름의 조명도 최근에 많이 쓰인다. 이 모든 조명의 효과는 단순한 빛의 연출만으로는 어렵다는 것을 알아야 한다. 조명의 선(線)을 잡기 위해 사용하는 포그머신(Fog machine)이 없으면 아름다운 빛을 모습 그대로 드러낼 수가 없다. 포그는 드라이아이스(바닥에 깔림)와는 달리 가라앉지 않고 공중으로 연기가 날리며 조명이 빚어내는 선의 윤곽을 확연하게 잡아 주는 역할을 한다. 이전에는 사람의 손으로 포그를 분출했지만 최근에는 콘솔 박스에서 오퍼레이터가 리모컨으로 작동을 한다. 야외에서는 포그와 함께 쑥을 피워 조명선을 잡기도 한다. 소규모 행사, 무대가 좁은 상황에서는 아시바를 사용하지 않고 T-형 구조물(2, 3단 가능)과 함께 바닥이나 버튼을 통해 조명을 설치한다.

❺ 축제에서의 조명 설치 과정

조명 설치를 위해서 제일 먼저 이루어져야 할 일은 '조명 디자인'이다. 조명 디자인은 연출자와 조명 오퍼레이터가 의논하여 결정하게 되는데 다음의 사항을 충분히 고려한다.

① 행사의 성격

행사가 클래식 음악회일 경우와 대중 콘서트일 경우의 조명 디자인은 많은 차이가 있을 수밖에 없다. 클래식 음악회(순수)에 포그를 피운다거나 화려한 색깔을 사용하는 것은 금기 사항처럼 되어 있다

대중 콘서트의 무대

클래식한 발레공연

화이트 컬러를 사용한다(객석, 무대 동일). 대중 콘서트일 경우에는 조명의 효과를 최대한 활용하는 쪽으로 디자인되어야 한다. 최근에는 클래식과 대중음악이 만나는 세미클래식 무대라든지, 전통 국악과 대중음악이 새로운 만남을 시도하는 독특한 무대의 형태가 많이 만들어지는데 이런 행사의 성격에 알맞은 조명 디자인이 요구된다. 음악의 분위기에 따라, 밴드나 오케스트라의 규모에 따라서도 조명 설치는 달라진다.

② 현장 여건

현장 여건을 고려 할 때에는 무대의 넓이, 조명과 무대 간의 거리 등을 생각해야 한다. 무대의 크기와 넓이에 따라 조명의 규모가 결정되기에 현장 여건을 충분히 점검해서 조명 디자인을 의뢰해야 한다. 공연장 중 뒷 배경에 파이프 오르간 같은 구조물이 있는 경우 조명색이 묻어나지 않는 경우도 있기에 현장에 대한 자세한 체크가 꼭 필요하다.

실제 행사장의 예

공연 장소의 전력량도 체크해야 한다. 보통의 경우 100kw 이상의 전력을 요구하게 되는데 공연장의 전력량이 부족하면 발전차를 사용해야 하기에 사전에 점검할 사항 중에 하나이다.

조명 디자인이 끝나면 축제기획자와 확인을 거친 후 행사 하루 전, 큰 규모일 경우 2~3일 전 셋업에 들어간다. 조명 구조물로는 아시바와 트러스를 사용한다. 최근에 들어서는 트러스를 많이 사용한다. 구조물 설치가 끝나면 조명 디자인에 의해 조명이 설치가 된다. 조명설치가 1차적으로 끝나면 포그를 피워 원하는 그림선(線)을 구체적으로 맞추게 된다. 이렇게 하면 조명 설치 과정은 끝이 난다. 물론 리허설을 통해 약간의 수정 사항이 있을 수도 있다.

(2) 램프 / 전구

❶ 이상적인 램프의 조건

램프의 모양, 크기, 베이스(base)의 형태에 따라 많은 종류가 있다. 그로 인해 발생하게 되는 램프 선택의 어려움과 복잡성을 해결하기 위해서 미국의 경우에는 ANSI(American National Standards

Institute)라고 하는 기관에서 알파벳 중 세 글자를 사용하여 램프의 특성(필요한 전력, 전압, 크기, 수명, 베이스의 종류, 전구의 모양, 밝기, 작동 위치, 색 온도 등)에 따라 램프별로 코드를 정해 놓았다.

램프는 밝아야 하고, 밝기의 정도를 조절할 수 있어야 하며, 수명이 길어야 한다. 램프의 밝기는 빛의 산출량을 재는 단위인 1m(lumen)에 의해서 알 수 있다. 1m이란 반지름이 1ft인 구형의 중심에 1fc(footcandle) 밝기의 빛이 있을 때 그 구형의 $1ft^2$ 표면에서 얻게 되는 빛의 양을 말하며, 이때 1fc이란 역으로 1m의 빛이 $1ft^2$에 골고루 퍼져 있을 때의 밝기를 말한다. 사람의 눈은 1에서 10,000fc 정도의 밝기에 적응 가능하며, 실제로는 100fc 이상의 밝기는 눈으로 구별하기 어렵다. 우리나라에서는 빛의 밝기를 재는 단위로 1ux(lux)를 사용하는데 1ux는 $1ft^2$의 표면에 1m의 빛이 골고루 퍼져 있을 때의 밝기를 말한다.

접압과 램프의 밝기, 수명은 상관관계를 가지고 있다. 램프에 규정된 것보다 높은 전압을 사용하게 되면 램프가 터지게 되는 경우도 있는데, 예를 들어 220V용 램프에 240V의 전압을 사용하면 빛의 밝기는 더 밝아지지만 램프의 수명은 오히려 떨어지게 되며, 역으로 220V용 램프를 210V의 전압에서 사용하면 빛의 밝기는 떨어지지만 램프의 수명은 길어지게 된다. 또한 램프는 가급적 열을 많이 내지 않고 적당한 색온도를 내는 것이 좋다. 램프의 필라멘트가 작게 되면 반사경이 빛을 모았다가 다시 내보내기가 용이해지기 때문이다.

MOL(maximum overall length)은 램프의 전체 길이를 말하는데, 이는 램프가 조명기 안에 들어가기에 적합한 크기인지를 알아보기 위해 필요하며, LCL(light center length)은 필라멘트의 중심점에서부터 램프 베이스의 어떤 지점(베이스의 종류에 따라 다름)까지의 거리를 말하는

데, 이는 필라멘트의 중심점이 램프, 반사경, 렌즈의 구조 안에서 정확한 초점(focal point)에 놓이도록 하기 위해 알 필요가 있다. 초점이란 렌즈를 통과하거나 반사경에서 반사된 빛이 모이게 되는 지점을 말한다.

❷ 램프의 종류

① 백열등

백열등

불활성 가스로 채워진 유리구 안의 텅스텐 필라멘트에 전류가 흐르면 열이 오르며 빛을 내게 되는 램프를 말한다. 이때 나오게 되는 텅스텐 입자가 유리구의 안쪽에 검은 그을음으로 남게 되고 이는 빛의 밝기를 떨어뜨리는 결과를 가져오게 된다.

② 텅스텐 할로겐 램프

오늘날 무대조명에서 가장 많이 쓰이는 텅스텐 할로겐 램프도 백열등의 일종이라고 할 수 있으나 유리구 안에 채워진 가스의 종류가 백열등과 다르다. 텅스텐 할로겐 램프 안에는 할로겐 가스가 들어 있는데, 필라멘트에서 나오는 텅스텐 입자가 할로겐 가스에 반응해 다시 필라멘트로 돌아가게 하는 할로겐 사이클(halogen cycle)을 형성함으로써 검은 그을음이 유리구에 끼지 않게 되고 이는 결과적으로 램프의 수명을 연장시키는 효과를 낳는다. 할로겐 사이클은 높은 온도에서 활발하게 일어나기 때문에 텅스텐 할로겐 램프의 유리 부분은 열에 강한 석영(quartz)으로 작게 만들어져 있다.

텅스텐 할로겐 램프의 유리부분은 절대로 손으로 만져서는 안 된다. 손에 있는 기름이 유리에 묻게 되면 램프가 열을 낼 때 영향을 끼쳐서 심한 경우 폭발을 일으킬 정도로 유리 부분을 약하게 만든다. 그러므로 램프를 교체할 때에는 반드시 램프의 베이스 부분을 잡거나 헝겊 조각 또는 장갑을 끼고 유리부분을 만지도록 한다.

텅스텐 할로겐 램프

③ 아크 램프

전류가 흐르게 되면 양 전극 사이에 스파크가 생김으로써 빛을 내게 되는 램프 종류를 말하며, 매우 밝고 푸르스름한 흰 빛을 낸다. 아크 램프의 가장 큰 단점은 빛의 밝기를 전기에 의해서 조절할 수 없는 것인데, 그러므로 조명기 내에 빛의 밝기를 조절해 주는 기계적인 장치가 따로 있어야 한다. 19세기 후반부터 20세기 초반까지 팔로우 스포트에 주로 쓰여졌던 카본 아크 램프(carbon arc lamp)는 두개의 탄소 막대를 전극으로 사용하였다. 탄소의 산화 과정에서 생기는 일산화가스는 인체에 매우 치명적인 것이므로 반드시 환기가 잘 되는 공간에서 카본 아크 조명기를 사용해야만 한다. 오늘날에는 카본 아크 램프를 대신해서 작은 유리관 안에 들어 있는(encapsulated) 전극을 통해 빛을 내는 쇼트 아크 램프(short arc lamp)가 팔로우 스포트나 투사기에 널리 쓰여 지고 있다. 크세논이나 HMI가 대표적인 쇼크 아크 램프이다.

크세논 램프

• 크세논 / 제논 램프(xenon lamp)

크세논 가스로 채워진 유리관 안의 텅스텐 전극 사이에서 일어나는 스파크에 의해 빛을 내는 램프이며 매우 밝고 푸르스름한 빛을 낸다. 크세논 가스는 매우 높은 압력 상태에 있기 때문에 폭발의 위험이 있다.

• HMI 램프(hygerium me talic iodide lamp)

크세논 램프와 비슷하나 크세논 가스보다 낮은 압력 상태의 수은 또는 아르곤 가스를 사용하기 때문에 훨씬 안전하다. 5,600K 정도의 매우 높은 색온도의 빛을 내며, 빛이 완전히 들어오는 데 걸리는 시간이 짧게는 30초에서 길게는 3분까지 상당히 길다.

크세논과 HMI 램프는 낮은 전압을 필요로 하기 때문에 변압기와 함께 사용해야 한다. 또한 램프가 빛을 낼 때 자외선을 방출하게 되는데, 열에 강한 램프의 유리부분이 어느 정도 이를 제거해 준다고는 하나 이 램프를 다루는 사람은 램프에서 나오는 빛에 눈이나 피부가 노출되지 않도록 항상 주의한다.

• 가스 방출 램프(gaseous discharge lamp)

대표적인 가스 방출 램프로는 형광등(fluorescent lighr)과 네온등(neon light)을 들 수 있다. 형광등은 저압 수은등의 일종으로 방전할 때 수은에서 발생하는 자외선으로 유리관 내벽에 칠한 형광 물질을 자극하여 빛을 내는 것인데 낮은 전압에서 작동하므로 안정기를 필요로 한다. 네온등은 네온 가스를 사용하며 형광등과 비슷하게 작동한다. 네온등의 특성이라고 할 수 있는 가는 선 모양의 관(tube)은 무대 위에서 효과적으로 사용될 수 있다.

❸ 램프의 구조

램프는 기본적으로 유리구 부분, 필라멘트, 베이스의 구조를 가진다.

① 유리구

유리구는 필라멘트가 들어 있고 일종의 가스가 채워져 있는 부분이다. 백열등의 유리구는 일반 유리로 만들지만 텅스텐 할로겐 램츠에는 열에 강한 석영을 사용한다. 유리구의 크기와 모양은 매우 다양한데, 이는 주로 필라멘트의 특성과 유리구 내의 열처리 공간의 필요성 여부에 따라 달라지게 된다.

• A 램프(arbitrary lamp) · PS램프(pear shaped lamp)

일반 가정에서 흔히 쓰이는 전구 모양이다.

• G램프(globular lamp)

발생하는 열을 고르게 분산시킬 수 있는 전구이다.

• PAR 램프(parabolic aluminized reflector lamp)

광원, 반사경, 렌즈가 한 몸체로 이루어져 있다. 강하고 거친 반면 테두리 선이 뚜렷하지 않은 타원형 모양의 빛을 만들어낸다. PAR 램프의 종류는 크기, 또는 램프의 종류에 따라서 구분이 되는데, PAR는 8분의 1inch를 기본 단위로 해서 측정하기 때문에 각 수치를 8로 나누어주면 램프의 실제 지름을 inch 단위로 해서 얻을 수 있다. 그러므로 PAR 64의 지름은 8inch, PAR 56은 7inch, PAR 46은 5.75inch, PAR 38은 4.75inch의 지름을 가지고 있으며, 크기에 따라서 램프의 사용 전력 또한 달라지게 된다.

또한 PAR 램프는 렌즈에 있는 결의 정도에 따라서 VNSP(very narrow spot), NSP(narrow spot) MFL(medium flood), WFL(wide flood), VWFL(very wide flood)로 구분되는데 스포트로 모아지거나 퍼지는 빛의 정도를 렌즈의 종류에 따라 다양하게 얻는다.

• R 램프(reflector lamp)

PAR 램프와 거의 비슷하다고 할 수 있으나 가격 면에서 보다 저렴하며, PAR 램프보다 좀더 부드러운 빛을 내서 빛을 골고루 섞기에 적당하므로 스트립라이트(striplight)에 많이 쓰인다.

② 필라멘트

각 램프의 기능에 따라 다양한 필라멘트의 종류가 있으나, 무대조명에서는 텅스텐선을 팽팽하게 감아서 만든 필라멘트를 주로 사용한다.

③ 베이스

램프의 베이스는 필라멘트에 전기가 공급될 수 있도록 조명기의 소켓(socket)과 연결되는 부분이다. 크기와 모양은 기능에 따라 여러 가지가 있는데 램프 베이스의 크기는 베이스의 지름이 1inch인 미디엄(medium)과 1.5inch의 모걸(mogal)이 무대 조명기에 주로 사용된다.

가장 흔하게 쓰이는 램프 비리스의 모양은 나사형(screw) 베이스라고 할 수 있으나 무대조명기능 보다 밝은 빛을 내기 위해 램프, 반사경, 렌즈 상호 간의 위치가 정확하게 이루어질 필요가 있으므로 램프를 제 위치에 정확하게 고정시킬 수 있는 프리포커스(prefocus)형 베이스를 주로 사용하며, 전구의 크기가 작은 텅스텐 할로겐 램프는 작은 크기의 투핀(two pin)형 베이스를 가진다.

(3) 색

무대조명의 역할에서 색이 가지고 있는 의미와 기능은 상당히 크다. 색의 올바른 선택은 관객이 공연의 개념을 이해하는 데 도움을 주고 등장인물의 감정과 분위기에 관객도 같이 심취되도록 관객의 감성을 자극한다. 그러므로 디자이너의 새 선택은 매우 중요한 조명의 요소라고 할 수 있으며, 조명의 색 선택에 있어 무대장치와 무대의상의 색이 반드시 고려되어야 한다.

❶ 색의 정의

색을 이해하기 위해서는 먼저 빛의 물리적 특성을 이해해야 한다. 색 매체를 입히지 않고 일반적으로 우리에게 흰색이라고 인식되어지는 빛은 전자석에서 일어나는 색의 연속적 변화(electromagnetic spectrum)에서 사람의 눈으로 볼 수 있는 작은 범위에 지나지 않은데 이를 가

시광선이라고 한다. 빛은 정지되어 있지 않으며 반사, 굴절, 분산이 일어나지 않은 한 직선으로 계속해서 빠르게 움직이고 있다. 빛은 프리즘에 의해 흰색 빛을 이루고 있는 여러 개의 파장(wavelenght), 즉 빨강, 주황, 노랑, 녹색, 파랑, 보라의 무지개 색으로 분리될 수 있는데 이를 분광 스펙트럼이라고 하며, 이는 프리즘이 각각의 색을 서로 다른 각도로 굴절시키기 때문에 나타나는 현상이다. 각각의 색은 서로 다른 파장을 가지고 있으며 파장은 ㎚(nanometer : 10^{-9}m)라는 단위에 의해서 측정되어진다. 빨강의 파장은 700㎚ 정도이며 보라의 파장은 약 380㎚이다. 빨강보다 느리게 움직이는 파장으로 적외선과 텔레비전, 라디오의 파장 등이 있으며 보라보다 빠르게 움직이는 파장으로는 자외선, 엑스레이(X-rays) 등이 있는데 이는 사람의 눈으로는 볼 수 없는 파장들이다.

색온도란 빛이 가진 색의 정도를 측정하는 것이다. 색온도가 상대적으로 낮은 촛불의 경우 분광 스펙트럼에서 빨강 부근의 색을 더 많이 가지고 있으며, 한낮의 햇빛처럼 색온도가 높은 경우에는 분광 스펙트럼에 의해 따뜻한(warm color)과 차가운 색(cool color)을 구분 지을 수 있으나 이는 상대적인 구분이기도 하다. 대체로 따뜻한 색은 차가운 색보다 더 두드러져 보여서 강하게 받아들이게 된다.

❷ 색의 인식

색의 인식은 매우 상대적이다. 우리가 무엇인가를 보았을 때 뇌에서 이를 어떻게 해석하는가는 개개인의 색에 대한 경험과 기대 수준에 따라 각각 다르다. 생리학적으로 색에 대한 사람의 반응은 눈의 뒷부분에 있는 망막에서 일어난다. 망막에는 망막 간상체(rods)와 망막 추상체(cones)라고 하는 두 개의 신경 세포가 있는데 망막 간상체는 빛의 밝기를 인식하는 세포이고 망막 추상체는 색을 인식하는 세포이다. 자극을 받은 망막 간상체와 망막 추상체가 뇌에 신호를 보내면 뇌가 이를 해석하여 색을 인식하게 된다.

빛은 우리에게 사물을 볼 수 있도록 해줄 뿐만 아니라 사물의 색을 인식할 수 있도록 해준다. 앞에서 언급했듯이 일반적으로 흰색 빛이라고 하는 것은 스펙트럼에 있는 여러 파장이 합쳐져서 이루어진다. 이 빛이 사물에 떨어지게 되면 사물의 색과 비슷한 계열의 파장은 반사하고 그렇지 않은 파장은 흡수를 하게 되는데 우리가 보게 되는 사물의 색은 바로 반사된 파장이다. 색 매체를 사용해서 빛에 색을 넣는 것도 이와 같은 원리에 의해서이다. 조명기에 필터를 끼워서 빛에 색을 넣게 되면 필터는 조명기에서 나오는 빛을 이루고 있는 여러 파장 중에서 그 필터와 다른 계열의 색은 흡수하거나 열로 전환시키고, 같은 계열의 색은 사물처럼 반사하는 대신에 필터를 통해서 통과시키게 되는데 우리는 이 색을 보게 된다.

필터가 빛 앞에 놓여지게 되면 전체 100%의 빛 중에서 24.78%의 빛만 통과한다. 이 통과율이 낮을수록 빛의 밝기가 떨어질 뿐만 아니라, 통과되지 않은 빛이 필터에 흡수되거나 조명기와 필터 사이에 열로 남게 됨으로써 필터는 쉽게 색이 바랜다. 도표의 X축은 분광 스펙트럼에서의 빛을 말하므로 700㎚ 부근은 빨강을 의미하고 왼쪽으로 가면서 주황, 노랑, 녹색, 파랑으로 이어지며, 380㎚ 부근은 보라를 의미한다. Y축은 필터를 조명기에 끼워 빛을 통과시킬 때에 각 파장의 통과 비율을 말하는데 Lee 161번은 분광 스펙트럼에서 파란색 부근에 있는 색 뿐만 아니라 빨강 부근의 색도 통과 시킨다. 이렇게 통과되어진 빛을 우리는 Lee 161번 검은 회색이 도는 청색(slate blue)으로 받아들이게 된다.

❸ 색의 특성

빛의 삼원색

삼원색이란 다른 색의 혼합에 의해 다시 만들어질 수 없는 색을 말하는데, 물감의 삼원색은 빨강, 노랑, 파랑인 반면, 빛의 삼원색은 빨강, 파랑, 녹색이다. 색환을 통해 삼원색 사이의 상관 관계에 대해서 알아볼 수 있는데, 물감의 삼원색을 모두 섞으면 검정이 되고 빛의 삼원색을 혼합하게 되면 흰색이 된다. 삼원색 중 두 개를 선택해서 혼합하여 얻게 되는 색을 이차색이라고 하는데, 빛의 색환에서 알 수 있듯이 빨강과 파랑을 섞으면 마젠타(magenta)가, 파랑과 녹색을 섞으면 사이안(cyan)이라고 하는 청록색이, 녹색과 빨강을 섞게 되면 앰버(amber), 또는 노랑이 나오게 된다. 색환에서 마주 대하고 있는 색은 서로 보색 관계에 있으며 물감의 보색을 서로 섞어주면 검정이 되고 빛의 보색을 서로 혼합하면 흰색이 된다.

❹ 색의 3요소

① **색상**

색상이란 빨강, 파랑, 녹색과 같이 어떤 색을 다른 색과 구분 짓는 기본적인 특징이다.

② **명도**

색의 밝고 어두운 정도이다.

③ **채도**

어떤 색에서 색상이 차지하는 비율의 정도를 말한다. 색상이 차지하는 비율이 높을수록 채도가 높다고 할 수 있는데, 예를 들어 파란색은 하늘색에 비해 훨씬 채도가 높다.

5 색 매체의 종류

조명기 앞에 끼워서 빛에 색을 넣어주는 필터와 빛을 퍼지도록 해주는 디퓨전 필터/프로스트, 색에는 영향을 미치지 않고 빛의 강도만 떨어뜨리는 강도 조절 필터, 빛의 색온도를 조절해주는 데 사용되는 색온도 조절 필터를 통틀어서 일반적으로 필터(filter), 또는 젤(gel)이라고 한다. 필터는 필터 틀(gel frame)에 끼워 조명기 앞에 꽂아 사용한다.

① **젤라틴**

젤이라는 말은 젤라틴에서 나왔다. 동물성 젤라틴에 합성염료로 색을 입힌 것으로, 가격은 저렴하지만 방수성이 전혀 없고 매우 약하며 색이 잘 바래지므로 더 이상 쓰이지 않는다.

② 플라스틱

젤라틴에 비해 훨씬 열에 강하며 방수성이 있고 다양한 색을 갖추고 있다. 아세테이트(acetate)와 마일라(mylar)의 두 종류가 있는데 아세테이트는 마일라에 비해 가격은 저렴하지만 시간이 경과함에 따라 색이 변하게 되는 경향이 있다. 오늘날 가장 많이 쓰이는 필터의 종류는 마일라이다.

③ 색유리

열에 강하고 색이 거의 바래지지는 않지만 색의 종류가 다양하지 않고 무겁고 잘 깨지며 젤라틴이나 플라스틱 필터처럼 원하는 크기로 잘라서 사용할 수 없고 특정 크기를 구입해야만 하는 단점을 가진다. 론델(rondel)이라고 하는 둥근 모양의 색유리 필터가 오늘날에도 스트립라이트에 쓰인다.

④ 다이크로익

반사경의 재료로도 사용되는 열에 매우 강한 유리이다. 다이크로익은 적외선과 자외선은 반사시키고 원하는 빛만 통과시키므로 보다 순수하고 밝은 빛을 내보낼 수 있다. 그러나 가격이 매우 비싸므로 강한 빛을 내는 램프를 사용하는 조명기나 투사기에 주로 쓰인다.

⑤ **디퓨전 필터 / 프로스트**

정도에 따라 가장자리 선이 분명한 빛의 테두리를 살짝 부드럽게 해주거나 테두리 선이 보이지 않을 정도로 빛이 퍼지게 해준다. 실크(silk)라고 하는 긴 선을 가지고 있는 필터는 선의 방향에 따라 빛을 가로 또는 세로 방향으로 퍼지게 할 수 있는데 선의 방향과 빛의 방향은 서로 반대이다.

⑥ **스크롤러**

열에 강한 특수 테이프에 의해 서로 연결되어진 여러 종류의 필터가 두 개의 롤(roll)에 감겨져 있고 조명 콘솔로부터 신호를 받은 모터(motor)가 빠른 속도로 롤을 움직여 색을 전환시키게 되는 컬러 체인저(color changer)이다. 스크롤러는 기존의 조명기와 함께 쉽게 사용할 수 있도록 DMX512의 조명 콘솔에 의해 조절이 가능하게 만들어졌는데, 색을 전환하기 위해서, 또한 진한 색이 강한 빛에 오랫동안 노출될 경우에 생기는 열을 식히는 팬을 조절하기 위해서, 그리고 롤이 돌아가는 속도 조절 등을 위해서 여러 개의 채널을 사용할 수 있다. 스크롤러는 조명기 앞에 끼워져서 조명기의 수를 늘리지 않고도 다양한 색 혼합을 가능하게 하므로 널리 쓰이고 있다.

⑦ **스와치**

필터 제조업체에서 생산되는 모든 필터들의 샘플(sample) 묶음을 말한다. 필터 번호, 이름,

빛 통과율, 파장에 대한 정보도 같이 제공해준다. 우리나라에서 생산되는 색 매체는 없으며 주로 미국 또는 일본에서 생산되는 마일라 필터를 수입해서 사용한다.

(4) 반사경 · 렌즈

빛이 사물에 닿았을 때 일어나는 현상은 다음 세 가지 중 하나이다. 검은 천에 빛이 떨어지게 되면 빛은 흡수되고, 물이나 렌즈에 빛이 닿게 되면 빛은 굴절되며, 거울에 빛을 비추게 되면 빛은 반사된다. 그러나 이 중에서 어느 것도 완벽하게 이루어지지는 않는다.

빛이 반사되는 경우, 어떤 종류의 사물에 의해 반사되는가에 따라 일어나는 현상이 각각 다르다. 거울과 같이 평면적이고 광택이 있는 면에 빛이 비추어지면 정반사(specule refection)가 일어나게 되는데, 이는 들어오는 빛의 각도와 반사되는 빛의 각도는 서로 일치하지만 들어오는 방향과 반대 방향으로 빛이 반사되는 현상을 말한다. 구겨진 알루미늄 호일에 빛이 떨어지면 정반사 현상과 더불어 구겨진 알루미늄 호일의 여러 면들에 의해 어느 정도 빛이 흩어지며 반사되는데 이는 정반사 각도에서 많이 벗어나지 않은 분산반사(spread reflection)이다. 또한 빛이 흰 면과 같은 천에 비추어지면 흰 턴의 셀 수 없이 많은 작은 면들에 의해 정반사와 상관없이 빛은 사방으로 흩어지며 반사되고 이를 발산 반사(diffused reflection)라고 한다.

❶ 반사경

반사경은 반사경 방향으로 발산되는 램프의 빛을 반대 방향인 조명기 앞쪽(렌즈 방향으로 반사시킴으로써 더 밝은 빛을 사용 가능하도록 해줌) 무대조명기에 끄는 반사경은 반사경을 만드는 재료와 그 모양에 따라 종류가 구분된다.

① 재료에 의한 구분

초기 무대조명기에 사용되어진 반사경은 주로 유리로 만들어졌으나 열에 약한 단점 때문에 광을 낸 금속의 반사경으로 교체되었다. 이후 1930년대에 금속에 화학적으로 알루미늄 코팅을 함으로써 가볍고 견고하며 빛을 고르게 잘 반사시킬 수 있는 알작(Alzak)이라고 하는 반사경이 개발되어서 널리 쓰이게 되었다. 오늘날에는 여러 면의 거울 코팅으로 이루어져있는 다이크로익(dichroic)이라고 하는 새로운 종류의 반사경이 소개되었는데, 이는 빛의 파장에 따라 어떤 빛은 통과시키고 어떤 빛은 반사시키도록 만들어졌다.

② 모양에 의한 구분

반사경의 모양은 빛이 어떤 식으로 반사되는가를 결정하는 중요한 요소이다. 정확한 빛 반사를 얻기 위해서 반사경의 모양에 따라 램프가 놓여져야 하는 정확한 지점이 서로 다른데 이 지점을 반사경의 초점(focal point)이라고 한다.

• 타원형 반사경(ellipsoidal reflector)

타원형 반사경은 타원 모양을 이루고 있으며 두 개의 초점을 가지고 있다. 램프가 놓이게 되는 부분이 첫 번째 초점이며 반사경에서 반사된 빛이 다시 모이게 되는 지점이 두 번째 초점이 된다. 반사경이 램프를 깊게 둘러싸고 있으므로 약 75% 정도의 빛을 다시 반사하게 되고 그로 인해 밝은 빛을 얻을 수 있다. 무대조명기 중에서 일립소이달 리플렉터 스포트라이트와 스쿱(scooop)에 쓰이는 반사경이다.

• 구형 반사경(spherical reflector)

반사경이 원의 부분적 모양을 이루고 있다. 램프가 초점에 놓여 있을 때 구형 반사경에서 반사되는 빛은 다시 램프의 필라멘트를 통과해서 나가게 된다. 이로 인해 필라멘트의 열이 올라가게 되고 그러므로 더 밝은 빛을 내보내게 된다. 무대조명기중에서 퍼넬과 플라노 컨벡스 스포트라이트에 사용되는 반사경이다.

• 포물선형 반사경(parabolic reflector)

초점에 위치한 램프에서 나오는 빛이 서로 평행하게 반사되어지도록 만들어진 반사경이다. 빔 프로젝터(beam projector) 및 PAR 램프에 사용되는 반사경이다.

❷ 렌즈

무대 조명기에 쓰이는 렌즈의 종류는 다음과 같다.

① 플라노 컨벡스 렌즈

렌즈의 한쪽 면은 납작한 평면이고 다른 한쪽 면은 볼록한 렌즈를 말하며, 테두리선이 분명한 빛을 만들어 낸다.

② 퍼넬 렌즈

두께가 두터운 렌즈는 무겁고 열에 의해 금이 가기 쉽다. 이러한 단점을 보완하기 위해 플라노 컨벡스 렌즈의 볼록한 면을 한 개의 중심을 가진 원형 모양의 계단처럼 깎아 놓은 렌즈이다. 퍼넬에 사용되는 렌즈이며, 렌즈의 납작한 면은 빛이 부드럽게 퍼지도록 잔물결 같은 처리가 되어 있다.

③ 스텝 렌즈

퍼넬 렌즈와 마찬가지로 렌즈의 두께로 인한 단점을 보완하기 위해서 만들어 졌다. 짧은 초점 거리의 넓은 빛을 얻고자 할 때 사용할 수 있으나 플라노 컨벡스 렌즈처럼 선명한 빛을 만들어내지는 못한다. 렌즈의 볼록한 면은 그대로 두고 납작한 면을 계단 모양으로 깎아놓은 렌즈이다.

조명기의 반사경과 렌즈는 항상 맑고 선명한 빛을 낼 수 있도록 자주 닦아서 깨끗하게 유지해야 하며, 깨지거나 금이 간 렌즈는 바로 교체해 주어야 한다.

(5) 조명 용어

고보(Gobo)	조명기기가 주는 컬러 이미지와 함께 다양한 모양으로 조명 효과를 표현하고자 할 때 무빙라이트의 고보틀에 끼워 넣어 사용하는 작은 원형판. 스테인리스 합금판에 여러 가지 모양의 도형이나 무늬, 로고, 타이틀 등을 뚫어서 제작.
매그넘(Magnum)	강렬한 빗살무늬 모양의 효과를 보여주는 기기. 스카이로즈(sky rose)라고도 부름.
맥(Mac)	이펙트(effect)용 특수조명기기로 축제에서 가장 많이 사용하는 무빙라이트.
무빙라이트 (Moving Light)	다양한 각도, 컬러, 모양을 연출하는 이펙트(effect)용 특수조명기기. 스캔(scan), 맥(mac), 바리라이트 등이 이에 속함.
미러볼(Mirror Ball)	작은 원형의 거울 조각들을 부착한 원구로 이에 빛을 투사시켜 효과를 낸다. 요즘은 무빙라이트로 이 효과를 대신하기 때문에 자주 사용하지는 않음.
바리라이트(Vari lite)	이펙트(effect)용 특수조명기기.
뱅크라이트(Bank Light)	사각 틀에 여러대(8개, 16개)의 소형 파라이트를 결합시켜 놓은 조명기기.
색지/필터	파라이트 앞에 부착하여 컬러를 결정하는데 사용하는 필터.
스트로보(Strobe)	순간적으로 강한 강선을 반복해서 점멸시켜 주는 기기. 크세논(xenon) 램프를 사용하고 일명 '사이키' 라고도 함.
스캔(Scan Light))	필터, 고보 등을 통해 나타난 컬러나 모양을 자체 부착되어 있는 거울을 이용하여 원하는 위치로 그 효과를 이동시킬 수 있는 이펙트(effect)용 특수조명기기. 무빙라이트 중에서 거울이 있는 것은 스캔(scan), 없는 것은 맥(mac)이라고 크게 구분함.
컨트롤러(Controller)	전원을 조절하여 조명의 밝기, 순서, 이펙트(effect)를 효과적으로 변환시키는 기기. 음향의 믹서(mixer), 영상의 스위처(switcher), 조명 컨트롤러(controller)가 콘솔 운영의 주요장비.
파 라이트(Par Light)	가장 기본적인 조명기기로 램프 용량에 따라 대파(1kw−Par64), 중파(500w−Par56), 소파(250w−Par46)로 구분하며, 행사장에서는 알루미늄 케이스의 대파와 소파를 가장 많이 사용.
핀 스포트 라이트 (Pin Spot Light)	행사장 주변에 설치하여 다양한 위치에서 출연자를 더욱 부각시키기 위해 사용하는 조명기기. 간단히 롱핀(long pin), Follow spot라고도 하며, 출력 2kw 롱핀을 많이 사용.
Dimmer	전기의 세기에 따라 빛의 밝기를 조절할 수 있는 장비.
Fog Machine (smoke)	공간에 연기를 분사하여 마치 안개와도 같은 효과를 연출하는 기기로 조명효과에 없어서는 안 되는 장비로 연기로 인해 빛의 직진성 및 컬러의 배합을 명확하게 보여줌.
Unit	행사장에 설치된 수많은 조명기기를 전력의 과부하 없이 안정적이고 효과적으로 사용하기 위해 여러 조명라인을 연결할 수 있도록 회로 채널이 내장된 박스. 유니트에 물려 있는 조명기기만이 디머(dimmer)나 콘트롤러(controller)에 의한 조명연출이 가능.

12. 무대영상 및 특수효과

(1) 무대영상

❶ 축제행사에서의 영상의 필요성

1980년 미래학자인 앨빈 토플러는 그의 저서인 『제3의 물결』에서 인류 문명을 바꾸어 놓는 파도인 정보화의 새물결을 예시한 바 있다.

시대의 변화에 따른 인간이 추구하는 가치도 바뀌어 지고, 국가의 정책도 변화되어진 오늘의 세대에 가장 각광받는 것은 멀티미디어 산업이다. 이제는 시대의 흐름에 따르지 않으면 경쟁 세계에서 살아날 수 없는 새로운 공연 포맷이 최근에는 가장 요긴하게 사용되어지는 한 부분이다.

행사에서 쓰이는 영상이란 무대에서 진행되고 있는 행사의 내용을 대형 화면에 객석에서 자세히 볼 수 있도록 보여 주는 것을 말한다. 무대가 크고 객석과의 거리가 멀 경우에는 더 더욱 영상이 필요하다. 야외 공연이나 규모가 큰 공연을 상상해 보자. 출연자의 얼굴 표정이나 동작이 객석에게 전혀 전달되지 못해 쌍방간 커뮤니케이션(communication)이 이루어지지 않는 경우가 허다하다.

영상 매체를 무대에 설치함으로써 시각적인(무대전시) 효과도 기대할 수 있고, 이로 인해 관객의 집중률이 높아지고 현장감, 박진감을 동시에 얻을 수 있으며, 전체적으로 무대나 기획에 무게를 실어 주는 역할을 한다.

❷ 영상와 다양한 활용방법

무대에 설치되는 영상 매체의 기본 원리는 여러 개의 모니터와 VTR, 카메라들을 컨트롤 장치에 연결시킴으로 대형 화면에 원하는 그림을 송출 시키는 것을 말한다.

이러한 영상은 구조에 따라 다음과 같은 종류로 대개 구분이 된다.

- 멀티 큐브(Multi Cube)
- 멀티 비전(Multi Vision)
- LED 전광판(LED)
- 프로젝트 빔(Project Beam)
- 액정 비전(LCD)

멀티큐브

LCD 전광판

• **멀티큐브와 멀티비전**

멀티큐브는 멀티비전보다 밝기에서도 두 배 이상 밝고, 고화질이며, 화면 간의 연결감이 훨씬 매끄러우며, 반면에 비전은 화면의 분할이 심하게 나타난다. 멀티비전 이후에 나온 멀티용 스크린으로 축제에서 가장 많이 사용하는 수상기(受像機). 화면크기는 40인치이고, 보통 4×4size가 많이 사용하는데 이는 가로 4개, 세로 4개를 연결한 크기이다. 설치공간이 화면 전면에서 뒤로 2m 이상이 되어야 하고, 실외에서는 선명도가 떨어지는 단점이 있다. 멀티비전의 기본 원리는 멀티큐브와 같으나 모니터가 TV라는 것으로 인해 멀티큐브와 구분된다(화면과 화면 사이의 gap이 mm). 다 같은 원리로 구성되는 영상이지만 모니터의 차이로 인해 품질 면에서 멀티큐브와 많은 차이점을 가지고 있다. 지금은 거의 사용하지 않는 멀티용 스크린으로 여러 대를 가로, 세로로 붙여 크기를 임의대로 조절하여 사용한다. 공간 디스플레이용으로 활용을 많이 한다.

멀티비전은 설치나 화면의 조정의 시간이 큐브보다 덜 소요되고 가격 면에서도 저렴한 장점을 가지고 있다. 기본 구성이나 화면의 구성의 다양함 또한 큐브와 같이 활용할 수 있다.

프로젝트 빔

액정 비전(LCD)

차량에 탑재된 멀티큐브

최근 들어 멀티큐브와 비전은 차량에 탑재되어 홍보용으로도 활용이 되고 있는데, 영상을 차량 한쪽 면에 설치하여 사람이 많이 모이는 곳(시내, 역, 해변 등)에서 효과적인 홍보용으로 이용한다.

행사의 홍보 내용을 몇 분짜리로 제작해 계속해서 그 화면을 보내어 많은 사람들이 참여 할 수 있는 동기부여를 하기도 한다.

멀티 트론이라 불리우는 특수차량은 다음과 같은 많은 장점을 가지고 있다.

- 홍보 선택이 넓고 집중적이다. 사람이 많이 모일 수 있는 번화가나 주거밀집 지역, 아파트 단지 등 어디서나 활용 가능하다.
- 기종성이 뛰어나다. 차량은 언제 어디서나 즉각적으로 투입 가능하다.
- 시선 집중 매체이므로 보다 더 효율적인 광고가 가능하다.
- 선거유세, 콘서트 등의 각종 행사 현장에 투입되어, 현장에 참여하지 못한 사람들을 위해 현장 실황 중계가 가능하다.

이러한 영상 매체의 렌탈 가격은 공시가로 정해져 있지만 상황과 형편에 의해 조정 가능한 부분이 많다. 공연의 규모에 따라 적절한 시스템 운영이 필요하다.

• **LED 전광판**

LED 전광판

LED 전광판은 LED(Light Emitting Diode)란 발광다이오드의 약자로서 전류가 흐르면 빛을 방출하는 다이오드의 한 가지이다. 화합물 반도체의 특성을 이용해 전기 신호를 적외선 또는 빛으로 신호를 주고받는 반도체의 일종으로 가정용 가전제품, 리모콘, 전광판, 표시기, 각종 자동화기기 등에 사용된다.

LED에서 방출하는 빛의 색깔은 반도체 칩 구성원소의 배합에 따라 파장을 만들며, 이러한 파장이 빛의 색깔을 결정합니다. 일반 백열전구에 비하여 LED는 소비전력이 1/5밖에 안 되고, 반응시간은 100만 배나 빠르며, 수명은 반영구적이다. 그 동안 각종 분야에서 현저히 발달, 향상되어 전자 표시판, 전광판 및 각종 교통안전 신호등에 사용되고 있는 제품이다. 지속적으로 기능이 향상되어 텍스트뿐만 아니라 이미지 전송과 풀컬러 표출이 가능해져 보다 넓은 산업분야에서 응용되고 있다. 멀티큐브보다 두께가 얇고 가벼워서 공간 활용이 용이하고 실외에서도 선명한 고화질을 제공하기 때문에 멀티큐브를 대체할 수 있는 차세대 미디어로 각광을 받고 있으며, 축제에서는 이동형과 탑차형 전광판 시스템을 많이 사용한다.

• **프로젝트 빔과 액정 비전**

프로젝트 빔과 액정은 투자에 대한 부담이 있는 행사에 즐겨 사용되고 있다. 최근에는 액정을 설치해서 대형 스크린을 통해 영화를 보는 가정도 많이 있고, 음악이 있는 커피숍이나 카페에서도 프로젝트 빔을 통한 외국 콘서트 실황 같은 영상을 쉽게 볼 수 있을 만큼 대중화되고 있다. 빔과 액정 비전은 밝은 조명이나 낮에는 사용이 불가능하고 일반 공연장에서는 고화질 스크린을 별도로 준비해야 좋은 화면을 볼 수 있다. 100inch나 200inch의 스크린을 많이 사용하고 무대 뒷면 전체를 스크린화해서 사용하는 경우도 있다. 액정 비전은 중심에서가 아니고 측면에서 보게 되면 화질이 많이 떨어지는 단점이 있다.

설치나 가격 면에서는 부담이 없는 선이라 소규모에서는 많이 사용하는 편이다.

네 가지 영상 모두는 공연 중(목적성 있는 공연일 경우)홍보용 화면이라든지, 특정 목적의 다큐라든지 준비된 화면을 송출시키는 효과도 가능하다.

❸ 영상용어

스크린 영사막(Screen)	크기를 나타내는 '인치'는 스크린의 대각선 길이를 기준으로 결정.
리어스크린(Rear Screen)	후사투영에 사용되는 반투명의 스크린.

리어스크린 프로젝터 (Rear Screen Projector)	리어스크린 뒤에서 영상소스를 송출하는 프로젝터. 이 영상 시스템을 사용할 경우에는 설치공간을 고려해야 하는데, 리어스크린에서 뒤로 약 3m 이상의 공간이 있어야 프로젝터 사용이 가능.
영상이동차량	영상미디어를 탑재한 차량으로 매체에 따라 멀티큐브 차량, LED전광판 차량 등으로 구분하여 부름.
CRT 프로젝터(CRT Projector)	CRT 방식의 빔 프로젝터로서 완벽한 칼라 재현력과 HDTV 이상의 해상도를 자랑하는 고선명 프로젝터. 호텔 연회장 같은 장소에 고정용 프로젝터로 많이 사용.
DLP 프로젝터(DLP Projector)	LCD 프로젝터보다 밝고 화면상태가 깨끗하다. 대규모 공연장 및 콘서트에 주로 사용.
LCD 프로젝터(LCD Projector)	흔히 액정 프로젝터라고 많이 불리움. 축제에서 많이 사용하는 프로젝터.
ENG용 카메라 (Electronic News Gathering)	방송용 휴대형 카메라로 소니사에서 개발한 베타캠 VTR(Betacam VTR)을 가장 많이 사용. CTDM 방식과 CCD 소자를 이용하여 U-matic VCR보다 뛰어난 영상특성을 갖고 있음.
Switcher	여러 대의 카메라에서 잡은 영상소스를 조절하거나 적절히 전환시키는 기기. 음향의 믹서(mixer), 조명의 컨트롤러(controller), 영상의 스위처(switcher)가 콘솔 운영의 주요 장비.

❹ 카메라

① 행사장에서의 카메라의 역할

카메라의 기본 개념 이해는 촬영하고자 하는 특정한 피사체와 소리를 동시에 나타낼 수 있

카메라

고, 기록 또한 가능한 것으로 빛의 신호를 전기적 신호로 바꾸어 자기 테이프에 기록하는 기능을 가진 미디어로 이해되고 있다. 쉽게 말하면 현실 속의 모습들을 화면으로 옮기는 일을 하는 기기이다.

행사장에서의 카메라의 역할은 대략 두 가지로 분류된다.

- 무대에 준비되어진 영상 도구에 같은 영상매체에 화면을 송출시키는 일.
- 행사의 내용을 기록하고 보존하는 역할.

행사 현장의 입체적이고 동적인 화면 구성을 위해서는 3원 중계(카메라 3대)를 기본으로 하고 행사 규모에 따라 카메라 수는 늘어 날 수밖에 없다. 출연진이 대규모일 경우나 특별한 기획으로 이루어지는 공연에는 기본 8원 중계 방식이 되어야만 장면 하나 하나에 세심한 배려가 있는 역동적인 화면 송출이 가능해 진다.

고정 셋으로 3원, ENG 2대, 레일 1대, 크레인(유인) 1, 크레인(무인) 1대 등으로 대개 구성된다. 그러나 예산상의 문제로 투자가 힘들 경우에는 3~4원 중계방식을 선호하는 편이다. 이렇게 구성되어지는 방식은 행사장에 적절히 배치된 카메라맨들이 촬영을 하고, 촬영된 화면을 주조정실(촬영감독, Switcher)에서 모니터를 통해 화면을 보고 즉석 편집을 하여 대형 화면으로 송출시킨다. 주조정실에서 오퍼레이팅을 하는 감독이 inter-com을 통해 카메라맨들에게 필요한 화면 구성을 위해 지시를 하기도 한다. 이런 방법으로 진행이 된다면 관객들이 대형 화면을 통해 시야에 들어오는 장면들은 다양하고 입체적인 느낌들로 감동의 순간을 맛보게 한다. 생동감 있는 공연에서는 크레인 사용과 레일을 까는 것은 기본임을 유의해야 한다. 특별히 주조정실에서 오퍼레이팅을 하는 감독은 촬영 콘티에 의해 적절한 화면 구성이 이루어지도록 신경을 모아야 하고, 오케스트라나 밴드가 있을 경우 솔로 연주 주자들을 놓쳐서 화면 구성에 엉성함이 있는 경우가 많은 편인데 이런 것은 주의할 점이다.

필자의 경험에 의하면 베이스 기타와 일렉트릭 기타를 구분하지 못해 화면을 잘못 잡아내는 경우, 플루트와 오보에를 구분하지 못해 솔로 주자를 잘못 잡아 웃음거리가 된 영상 팀들도 만나 보았다. 사전에 콘티를 통해 브리핑을 할 때 정확한 지시가 필요하고, 리허설을 통해 이런 위험들을 막아야 한다. 여건만 된다면 스코어를 볼 수 있는 사람이 편집팀에 합류하면 좋다. 대형 화면 송출과 함께 현장 편집된 자료가 기록, 보관이 된다. 어떤 경우에는 판매를 목적으로 촬영을 하는 때도 있는데 더욱 주의해야 할 일이 많다. 의뢰성 축제일 경우 의뢰자에게 행사 전체 자료와 함께 영상 자료가 함께 첨부가 되어야 하는데 화면 구성에 따른 몇 가지 아이디어가 필요하다.

공연 전 준비상황(무대 시설 셋업 과정)을 미리 촬영해 마무리 편집 시 활용하면 더욱 신뢰감을 주게 될 것이다. 행사 당일 입장 장면, 로비, 대기실, 리허설 등의 부분들도 촬영을 해서 필요한 화면에 인서트 시키기도 한다. 주최자, 연출자, 기획자, 관객 등의 개인 인터뷰 장면도 즐겨 이용한다.

② 카메라의 종류와 용도

용도	종류	비고
방송용	BETACAM SONY PVV-3(데크) SONY DXC-537AK(카메라)	ZOOM 14×
	Player SONY DBP-2650 REC SONY DBR-2800	Time Base Corrector 내장 TBC 원격 제어 고속화면 탐색
방송용	효과기 SONY DFS-500	3차원
VHS(HOME)	Pamasonic MV-900S(카메라)	자체기능 다양 (일시정지, MIX SLOW), 디지털 줌 100×
	녹화기 MV-SB1000w	A.더빙, V.더빙, TBC내장
	효과기 AVIS MX-K2	
8mm	SONY V×1(3ccd)	3ccd로 화질이 뛰어남
	녹화기 XV-MS 9000	A.더빙, V.더빙
	효과기 VHS 동일	

(2) 특수효과

앞장에서 언급했던 무대, 조명, 음향, 촬영(영상)은 없어서는 안 될 무대의 기초이자 필수 요소들이다. 그러나 최근에 무대를 더욱 3차원적인 분위기와 환상적인 분위기로 만들기 위해서 추가할 수 있는 특수효과들이 적지 않게 사용된다. 특수효과로 불리우는 많은 것들을 다 소개할 수는 없지만 비율적으로 많이 사용되거나 효과 면에서 탁월한 몇 가지의 특효들을 간추려 그 용도와 사용 방법들을 알아본다.

❶ 레이저

레이저는 반사경을 이용하여 빛을 증폭시킴으로써 만들어 낸 광선으로 현대 산업의 다방면에서 활용되고 있다.

이러한 첨단 기술이 최근에 각종 축제에 레이저 디스플레이 장치를 이용하여 활용 되고 있다.

레이저 디스플레이 시스템은 레이저 광선의 직진성을 이용하여 각종 그래픽, 문자, 무늬 등을 만들어 내는 장치인데 컴퓨터를 비롯한 특수한 장치들로 구성되어 아래와 같은 효과를 낸다.

레이저 쇼

그래픽 효과	꽃, 동물, 로고 그래픽 연출.
그래픽 애니메이션 (Annimation)	동물 애니메이션(곰, 오리, 돌고래, 새 등)
영문, 한글	영문 및 한글, 숫자 재현
스파이크 빔 (Spike Beam)	무대를 꽉 차게 만듬(한 곳만 투사 가능).
빔 이펙트 (Beam Effect)	밀러결, 특수 거울 사용 빔 효과 연출.
그레이팅(Grating)	무대 화면을 꽉 차도록 수만 개 쪼개어진 내부 필터 사용.
터널효과	포그 먼신과 함께 터널효과 연출. 무대 중앙에서 투사, 움직임과 함께 타원구 형성.
광막(Sheet)	수평 라인, 수직 라인, 광막 효과. 위, 아래로 움직임, 좌, 우로 움직임 가능.
바람개비(Fam)	연속적인 수평 수직 라인이 교대로 회전.
파도(Wave)	파도 모양 형성. 포그와 함께 공간 효과 연출가능.
리샤쥬 패턴	갖가지 파형 연출. 삼각, 사각, 별, 육각, 스파이크 패턴 연출.
빛살 무늬	빛살무늬, 부채살 무늬 형성.

이러한 기능을 가지고 있는 레이저 시스템은 컴퓨터와의 결합이라는 독특성으로 인해 기능이 풍부한 장점과 소프트웨어의 개발이 무한해 여러 가지 모양 창출이 가능한 좋은 점을

가지고 있는 특수효과이다.

위와 같은 레이저 시스템은 레이저만으로는 환상과 3차원적인 경이감을 주기에는 부족함으로 주변 보조 장치가 함께 뒷받침이 되어야 한다. 레이저가 빚어내는 빛의 모양과 일치할 수 있는 음향 선정과 빛의 윤곽을 더욱 분명히 하기 위해 포그 머신의 사용과 다른 조명의 아웃(기본)이 함께 이루어져야 한다. 이러한 레이저는 일반 클래식 공연 쪽보다는 대중 콘서트에 즐겨 사용되는 편이고, 야외 대규모 행사에는 거의 필수적인 요소가 될 만큼 많이 사용된다.

❷ 이팩트

특수효과로 불리우는 Effect는 음식을 만드는 것에 비유한다면 양념에 비유할 수 있다. 즉, 무대를 더욱더 환상적으로 연출하기 위한 방법으로 사용되는 소도구들을 의미한다. 무대를 직접 연출하거나 진행해 보면 계속되는 프로그램과 이를 뒷받침하는 필수 요소들이 어떤 예기치 못한 충격(Effect)이 가해지므로 객석으로 하여금 이전보다 더 집중하게 만드는 것을 보면서 특수효과의 필요성을 느낄 수 있다. 또한 특수효과는 기존의 조명과 세트와 어우러져 하나의 그림을 만들어 내기도 하는데 특수효과가 추가되므로 더욱 좋은 그림을 연출한다. 특별한 장면을 위해 필수적으로 따라야 할 특수효과도 있다. 이런 필요성을 가진 특수효과의 대략적인 종류는 다음과 같다.

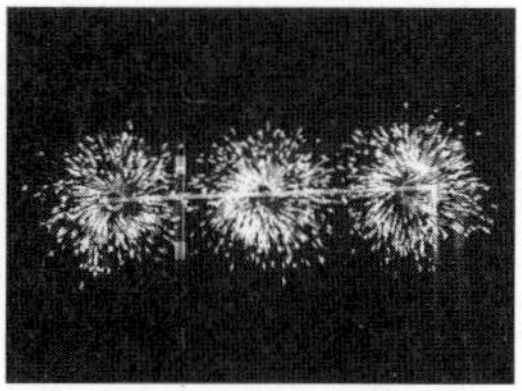

종류	용도	특징
아치 AD	행사에 공연장 입구 등	튜브처럼 공기를 주입시켜 원하는 모양으로 장식하는 것 PVC 비닐을 재료로 하여 어떠한 모양으로든지 제작이 가능한 장점
전자 개폐기	행사장, 체육대회, TV오락 프로그램 등	축하 박과 비슷한 것 전자 개폐기의 안에 행사의 내용이나 슬로건 등을 적어 놓은 현수막이 들어 있음
드라이 아이스	행사장 등	드라이아이스의 기화성을 이용하여 무대 바닥에 구름을 형성시키는 것
포그	행사장 등	무대 전체에 안개를 발생시키는 것으로 조명의 색상을 효과를 나타내기 위한 도구
CO2	록 콘서트, 대중 음악회 등	안개 기둥이 치솟는 효과를 연출할 때 사용
축포	시상식 등	무대 위에 꽃가루나 리본 종이 등을 뿌리는 것
대포	행사장 등	축포와 비슷한 원리
TNT	개·폐막식 등	축포, 대포와 같은 종류이지만, 발사 동력이 가스가 아니라 화약이 폭발하는 힘을 이용 폭발음이 큼

비눗방울	어린 아이들의 무대 클래식한 무대 등	비눗방울을 만들어 냄
해바리기 불꽃	야외 행사장 등	특수 화약인 분수 불꽃을 무대 위에서 회전시키며 불꽃을 연출
라이깡	댄스 가수들의 무대 등	동시에 50발 정도의 화약이 연속해서 터지므로 충격적이고 역동적인 느낌

❸ 기타

비행선과 애드벌룬

일반 공연장에서는 많이 사용하지는 않지만 비행선과 애드벌룬 같은 특별한 도구도 간혹 모습을 드러내기도 한다.

이 두 가지는 대부분 야외 행사에 많이 사용되고 광고 효과와 시선 집중 매체로 활용이 된다.

종류	용도	특징
비행선	실내	뜨는 높이가 4~5m로 제한 실외 비행선은 8.5~10m로 매우 높이 날 수 있고 비행시간 김 원격조정
	실외	우천시나 바람의 영향 원격조정
애드벌룬	기업행사, 체육행사, 야시장, 공연장 입구 등	시선 집중 매체 땅에 줄을 매달아 고정시켜 놓은 커다란 고무풍선

참고문헌

강열우(1998), 『축제 아이디어』, 부산 : 신지서원.
강수택(1998), 『일상생활의 패러다임』, 서울 : 민음사.
고승종 외(2002), 『관광축제경영론』, 서울 : 백산출판사.
고희선(2000), 『무대예술전문인 자격검정 표준교재』, 무대조명, 서울 : 교보문고.
김계섭(1995), 「축제 관광의 프로그램 개선방안」, 한국관광학회, 관광학 연구, 제18권, 제2권.
김선풍(1997), 『한국민속놀이론』, 서울 : 한국문화사.
김영순 · 박지선(2004), 『축제와 문화 축제의 문학 교육학을 위하여』, 인천 : 인하대학교.
김원종 · 나상억(2003), 『기획서 잘 쓰는 법』, 서울 : 북 21.
김원철 · 이석호(2001)(재인용), 『문화관광축제 육성방안』, 서울 : 한국관광연구원.
김정로 역(1994), 『축제 소프트, 유자와 아키라』, 서울 : CM비즈니스.
김천배 역(1997), 『바보제(祭) : 축제(祝祭)와 환상(幻想)의 신학(神學)』, 하아비 콕스, 서울 : 현대사상사.
김춘식 · 남치호(2002), 『세계 축제경영』, 서울 : 김영사.
노치준 · 민혜숙 역(1992), 『종교생활의 원초적 형태』, Emil Durkheim, 서울 : 민영사.
류정아(2003), 『축제 인류학』, 서울 : 살림.
박근수(2000), 「영향분석 '99강원국제관광엑스포의 지역주민 역할에 대한 연구」, '99강원국제관광엑스포의 성과와 지속화 방안, 강원 : 강원비전포럼.
박정선(1998), 『축제론』, 서울 : 글로벌.
박진규(2003), 『청소년문화』, 서울 : 학지사.
손대현(2002), 「관광축제의 기획과 연출」, 관광학 연구, 통권 23호.
양만규(2002), 「전주문화축제 축제의 평가와 분석에 관한 연구」, 관광경영학연구 제14호.
오순환(1995), 『축제관광의 발전전략』, 세계화시대의 관광산업, 서울 : 일신사.
원융희(2003), 『계의 축제문화』, 백산출판사.
이각규(1994), 『이벤트전략』, 서울 : 김영사.
이각규 역(2001), 『21세기 지역축제 전략』, 서울 : 커뮤니케이션북스.

이강욱(1998), 『문화관광축제의 영향 및 운영효율화 방안』, 서울 : 김영사.
이동웅(2000) 『무대예술전문인 자격검정 표준교재』, 무대음향, 서울 : 교보문고.
이상일(1998), 『축제의 정신』, 서울 : 성균관대학교 출판부.
이장주(1997), 「지역축제의 이미지 측정척도 개발과 적용에 관한 연구 – 진도 영등축제를 중심으로」, 경기대학교 박사학위논문.
이재실 역(1998), 『이미지와 상징』, 미르치아 엘리아데, 서울 : 까치.
전경수 편역(1994), 『관광과 문화』, 일신사.
전성환(1996), 『축제기획론』, 세울 : 예영커무니케이션.
정강환(1996), 『축제관광전략』, 서울 : 일신사.
정경훈(2002), 『문화축제연출론』, 서울 : 대왕사.
정철상(2004), 『천안흥타령축제 매뉴얼』, 천안시
조현호(1998), 『관광학개론』, 서울 : 대왕사.
조현호(2004), 『문화이벤트기획론』, 서울 : 대왕사.
노베르트 엘리아스, 『문명화과정 I』, 박미애 역(1999), 서울 : 한길사.
Jean Duvign, 『축제와 문명』, 류정아 역(1998), 서울 : 한길사.
Joseph Goidblatt, 『스페셜축제』, 우진영 편역(1995), 서울 : 김영사.
Roger Lewin, 『인류의 기원과 진화』, 박선주 역(1992), 서울 : 교보문고.

Anthony, S. Travi, *"Social and Cultural Aspects of Tourism"*, The UN Environment Program, Lndusty and Environment, Vol. 7, No. 1, 1987.
Barnett, L(1978), *"Theorizing about Play: Critique and Direction"*, Leisure Sciences, 1, NO 2.
Barbeau, Marius, *Art of the Totem*(U.S Government Printing Office, 1984).
Chetwynd, Tom, *A Dictionary of Symboles* London: A Division of the Colins Publishing Group, 1982.
Dawson, D.(1991), "*Panem et circenses? A Critical Analysis of Ethnic and Multicultural Festivals*", Journal of

appliedrecreation lesearch, 16(1).

Donald Getz, *Evert Management & Festivals Tourism*, New York : Cognizant Communi-cation Corporation(1997).

D.Getz(1991), *Festivals and Tourism*, New York : VNR.

Edington, Christopher R.(1980), et ar., "*Recreation and Leisure Programming*", s.c.

Getz, Donald(1991), "*Festivals, Special Events and Tourism*", V.N.R Tourism and Heritage Attations.

Low, T.(1983), "*Metis Heritage Days*", Recreation Canada, 41(5).

Leach, Edmund, *Rethinking Anthroporogy*, London: Athlone Press University of London, 1961.

Leeming, David Adams, *The World of Myth*(New York: Oxford University of London, 1961).

Lip, Dr Eveltn Feng Shui(Academy Edition, 1995).

Robert, B., *Festivals Encyclopedia of the Social Sciences*, New York: The McMillan Co., 1991.

Raymo, Chet, *365 Starrg Nights*(New York : Pubished by simon & Schuster, 1982).

Special Interest Tourism(case).

Smith, R.J., Harold & James Jurner, *The Inuit Imagination*(Thmes and Hudsom, 1994).

Takaki, Ronald(1990), *Iron Cages : Race and Culture in 19th-Century America*, New York : Oxford University Press.